La magie de la prière

Conseil éditorial : Sophie Carquain
Mise en pages : Sébastienne Ocampo

Illustrations Marianne Faure-Desforges®
Marianne Faure-Desforges vit et travaille à Paris. Sa création picturale entremêle dessins à la plume, peinture et collages. Ses compositions mettent en scène des personnages en devenir dans une nature onirique. Il y est souvent question de liens... et d'envol. Retrouvez son travail sur le site Internet : www.mfauredesforges.com

29 boulevard Raspail
75007 Paris – France
ISBN : 979-10-285-0445-8

DAVINA DELOR

La magie de la prière

TROUVER DU RÉCONFORT, S'ÉPANOUIR ET CRÉER UN MONDE MEILLEUR

LEDUC.S ÉDITIONS

*Éternelles pensées de gratitude pour ma mère
qui m'a enseigné la prière de la vie et de la mort
comme nul autre n'a su le faire.*

UN CD ACCOMPAGNE CE LIVRE

PRIEZ AUTREMENT EN VOUS LAISSANT GUIDER PAR LA VOIX DE DAVINA
SUR LES MUSIQUES DE STEPHEN SICARD. À TOUT MOMENT DE LA JOURNÉE,
OFFREZ-VOUS UN INSTANT DE RECUEILLEMENT PAR LA PRIÈRE
AFIN DE TROUVER LA PAIX, LE CALME INTÉRIEUR
ET AINSI RENCONTRER LA PROFONDEUR DE VOTRE ÊTRE AU QUOTIDIEN !
SUIVEZ LA VOIX DE DAVINA POUR BIEN RESPIRER ET PLACER CORRECTEMENT
VOTRE CORPS... POUR « ÊTRE » EN PRIÈRE DE LA MEILLEURE FAÇON QUI SOIT.

Plages du CD

Piste 1 : Se libérer par le souffle *(6′ 13)*
Piste 2 : Être attentif à son corps *(8′ 06)*
Piste 3 : Accueillir les plumes de la vie *(6′ 02)*
Piste 4 : Se régénérer par la nature *(7′ 57)*
Piste 5 : Prendre rendez-vous avec sa force intérieure *(5′ 08)*
Piste 6 : S'apaiser pour bien dormir *(5′ 04)*
Piste 7 : Prier pour les autres *(6′ 51)*
Piste 8 : Prier pour le bonheur universel *(6′ 13)*
Piste 9 : Peindre sa terre et son ciel personnels *(5′ 08)*

SOMMAIRE

LES PRIÈRES,
CONTES MÉDITATIFS
ET AFFIRMATIONS
SPIRITUELLES PRÉSENTÉS
DANS CE LIVRE SONT
DES CRÉATIONS
ORIGINALES
DE DAVINA

AVANT-PROPOS

Religieux ou athée, le spirituel est pour tout le monde...

Nous vivons une drôle d'époque. Une époque trépidante, paradoxale, enthousiasmante et souvent déroutante. Après avoir été déniée en Occident, la religion revient en force aujourd'hui. Ou plutôt le « fait religieux », qu'il se nomme bouddhisme, catholicisme... On n'a jamais eu autant besoin de prier, de partager, de méditer, d'exprimer sa gratitude : en un mot, de croire. La religion qui semblait s'être échappée par la porte des lieux de culte est revenue par la fenêtre de nos écrans, nos téléphones portables et dans nos vies.

Sur les réseaux sociaux, on «partage» les informations, les vidéos, les musiques, tout comme les chrétiens partageaient le pain. La moindre disparition de personnalité médiatique donne lieu à une avalanche de bougies virtuelles assorties du désormais incontournable RIP (*Rest In Peace*). N'est-ce pas une forme de prière collective qui circule de Facebook en Twitter ? C'est bien ce qui s'est passé pendant les évènements dramatiques de janvier et novembre 2015, les attentats de *Charlie Hebdo* et du Bataclan (mais aussi ceux qui ont suivi en Belgique et au Royaume-Uni...). L'envie de se réunir, de pleurer, de prier ensemble, de ne former qu'un seul cœur pour une même cause.

On a quitté les églises et la messe du dimanche ? Mais on se rassemble dans des lieux qui affichent complet, parfois même au Grand Rex à Paris ou sur des scènes jadis dévolues aux concerts de rock, pour s'unir dans une sorte de prière de groupe qu'on nomme « méditation ». Qu'importe finalement : le Palace, le Grand Rex, une église ou un temple bouddhiste... si tout le monde y trouve son compte ?

Bref, les gens sont en quête de foi, de pèlerinages, en un mot : d'intériorité. Souffrons-nous d'une déficience d' «être intérieur» ? Oui, c'est probable. Nous, Occidentaux, pensons souvent davantage à rassembler toujours plus de profit en passant à côté des joies simples de la vie. Ce déficit « d'être » dont nous souffrons intensifie nos problèmes. D'où l'envie aujourd'hui d'écrire ce livre de prières alors que nous avons tant besoin de sortir de nos solitudes.

Permettez-moi un petit détour par ma propre vie. Vous m'avez peut-être rencontrée pour la première fois au cours des années quatre-vingt, quand je co-animais avec Véronique de Villèle la fameuse émission *Gym Tonic* sur Antenne 2. Les justaucorps fluos, les jambières de danseuse et les *Toutouyoutou* semblent bien loin en apparence de ma présente robe de moine bouddhiste. Et pourtant... Bien avant d'entraîner des millions de téléspectateurs à bouger, rire et danser, j'ai été une enfant pensive, méditative et surtout une croyante fervente. La prière ? C'est ma mère qui me l'a enseignée. La méditation ? C'est elle qui me l'a transmise tout comme le yoga et une certaine façon de penser sa vie. Égyptologue, radiesthésiste, soignante, ma mère maîtrisait même les médecines traditionnelles et me les enseignait. Pour elle, «Dieu» était une entité infinie dépassant largement l'idée présentée par les dogmes religieux. Nous disposions à la maison d'un endroit où était installé un autel qui présentait la sagesse et l'amour du Bouddha et du Christ réunis en ce lieu. Quinze à vingt minutes

étaient réservées matin et soir à l'action de grâce par la prière, à l'introspection, au regret des erreurs et à la dynamisation de la motivation. Le but étant d'élever notre conscience au plus proche de ce en quoi nous croyions. Il n'y avait que peu de place pour les prières formelles et parfois machinales, ce qui laissait davantage d'espace à l'ouverture du cœur. Enfant, la vie fut facile et heureuse; adolescente, tout se mit à devenir affligeant. Avec ma mère nous avons traversé des crises bien difficiles, mais la prière nous a toujours portées, je dirais même sauvées de la misère et du désespoir. D'une certaine manière, prier revenait pour nous à dissoudre le négatif dans l'énergie de bienveillance universelle qui ne manquait pas de nous étreindre.

Ma mère m'a toujours parlé de la mort, non d'une manière morbide ou défaitiste mais comme un changement d'état que la vie préparait. Chaque semaine nous priions pour les défunts, accomplissant certains rituels que ses maîtres lui avaient transmis.

À l'âge de 10 ans, j'ai demandé à rejoindre un pensionnat pour mieux me consacrer à l'étude de la religion catholique. Chez les Dames de Saint-Maur, les journées étaient continuellement ponctuées par les messes, les offices du matin et du soir, les chants et les prières à la gloire de Jésus et du Père. J'étais certaine alors de mon avenir, je serai religieuse catholique ! Mais les chemins de la vie en ont décidé autrement en m'installant devant d'autres choix...

Je me suis ensuite initiée aux danses sacrées et à la danse classique. À quinze ans, je partais avec Jean Babilée danser à l'opéra de Rio, au festival d'Édimbourg et dans bien d'autres contrées en tournées de ballets. J'étais extrêmement investie, sérieuse et perfectionniste, mais sachez que pour moi, la danse était une autre manière de rendre grâce et de prier. Pratiquant conjointement le yoga, j'étais ainsi toujours reliée à ma double affinité spirituelle entretenue entre l'Orient et l'Occident. Aujourd'hui nonne bouddhiste depuis près de 15 ans, j'enseigne l'expérience transmise par les maîtres de sagesse qui ont jalonné ma vie, sous forme d'instructions auxquelles j'associe la pratique de la méditation, le yoga et le qi gong.

À présent retirée de la ville, je vis au monastère Chökhor Ling en pleine campagne poitevine, partageant joyeusement l'espace avec d'autres moniales. C'est ici dans le silence et dans la paix, que du matin au soir je parle à « Dieu ». Je loue l'apparition de la présence divine dans la chanson du vent, la grâce fragile des fleurs des champs et le bavardage incessant des oiseaux. Je pense aux êtres vivants sur cette Terre et prie pour leur bonheur sans jamais oublier ceux qui nous quittent à chaque seconde pour entrer dans les mystères de l'après-vie. Pour moi, la prière n'est pas séculaire, c'est une façon de vivre en profondeur ce que l'on prouve à l'extérieur. Que ce soit pour faire face aux défis douloureux de mon existence ou aux surprises heureuses, j'ai toujours prié, et la vie m'a toujours répondu.

Sachez que ce livre a un sens et c'est celui auquel je crois. En cette vie, depuis mon enfance, j'ai parcouru de nombreuses distances entre religions catholique, hindouiste et bouddhiste ; je me suis même aventurée dans les labyrinthes de l'ésotérisme, de la métaphysique et de la philosophie. Difficile de ne pas s'égarer mais une chose m'a sauvée, et c'est cela que je veux vous confier.

La foi qui déplace les montagnes a été déposée dans mon cœur en même temps que mon corps dans son berceau. Mais avant d'avancer sur la ligne droite d'un choix sans retour en arrière, j'ai voulu apprendre pour connaître et faire les expériences nécessaires à l'éloignement des doutes.

Des maîtres j'en ai eu, j'en ai encore et je prierai pour en avoir toujours mais, arrivée à ce point dans ma vie, un seul brille au firmament de mon âme et c'est l'amour. Non pas celui de l'attachement à un seul être ni même à ses seuls proches, mais l'amour qui englobe tout ce qui est tel que c'est. J'ai attendu longtemps avant d'oser présenter cette révélation à mon cœur parce que je pressentais la tâche incommensurable qui m'incomberait si je voulais m'avancer sur cette voie. Secrètement au fond de moi, Jésus et le Bouddha me soutenaient. Et puis un jour, le voile de l'ignorance s'est déchiré par la force d'un mot qui n'est plus employé, charité, dont la sœur est la compassion. Les mots sont des prétextes qu'il est bon de faire taire en libérant les actes.

Parce qu'elle nous enseigne d'aimer sans conditions, la charité devient une guerre douce et ferme que l'on doit mener contre les ennemis de la paix intérieure. Qui pense aisément triompher de ses propres colères ? Effacer tous les ressentiments ? Ne plus céder à l'attrait des critiques et des jugements ?

Devant tant de combats j'ai choisi l'arme la plus puissante qu'il soit, l'amour inconditionnel. Soutenus par la volonté, la vigilance, l'humilité et la patience, nous sommes tous capables d'aimer. Voilà, amis lecteurs, ce qu'est pour moi le véritable sens de la prière.

PRIER
AUJOURD'HUI

Quel sens revêt la prière dans le monde d'aujourd'hui ? À quel besoin correspond l'acte de prier et quel comportement adopter pour qui perçoit en son cœur une aspiration à élever sa conscience, sans pour autant souhaiter entrer dans un système religieux ou ésotérique ? La prière s'entoure souvent de mystère, voire de confusion : qui devons-nous prier au juste ? Les prisons dogmatiques qui la retiennent farouchement sont-elles incontournables ? La prière incarne-t-elle une méthode culpabilisatrice supplémentaire ou est-elle le sas de révélation d'une liberté annoncée ?

Les questions se pressent à la porte d'une connaissance qui interpelle mais qui demeure insaisissable, faute de pouvoir se rattacher à toutes les vérités et à la sienne en particulier.

La prière n'est pas une méthode mais un acte d'amour compassionnel envers soi-même et d'amour envers les autres.

Nul ne peut envisager de réponse satisfaisante sans engagement personnel dans sa propre expérience, car le sens de la prière est logé dans l'ouverture du cœur. Ce cœur sanctuaire, lieu secret au plus profond de soi où l'esprit se retire pour y trouver la paix et la joie d'être ensemble : de soi à soi. La prière n'est pas une méthode mais un acte d'amour compassionnel envers soi-même et d'amour envers les autres. C'est l'excellence du cœur et de l'esprit unis au service du dévoilement de l'égocentrisme. Quand on s'abreuve à la source du meilleur en soi, on est désaltéré, rafraîchi, reposé. Là, dans ce tendre silence, les vibratos des pensées discordantes s'éteignent doucement comme se replient les ailes des oiseaux lorsqu'ils se posent. Au-delà du mental et au-delà du corps, la prière ouvre « miraculeusement» les portes du temple du cœur. Voici quelques notions et réflexions pour appréhender la prière.

La présence du bonheur en soi

Penser la vie en prières d'offrande, de gratitude et de réjouissance, est le fil conducteur de toute mon existence.

J'ai traversé bien des orages qui m'ont appris à faire la planche au-dessus des nuages. Aujourd'hui, je reste simplement posée dans l'imprenable instant qui demeure et qui passe, sans essayer d'en figer les images. Terminées les quêtes aux trésors dans la séduction des mystères savamment entretenues par les institutions spirituelles de tous ordres. Abandonnée la saisie des illusions trompeuses auprès desquelles l'ego gonflé de son petit savoir ne cesse de se brûler les ailes. Lasse d'être malmenée dans le courant irrégulier de turbulences du mental, j'ai enfin posé mon bagage et levé mon regard vers le ciel intérieur, et c'est là je l'ai rencontrée, cette unité que je veux prier.

Donner un nom à l'indicible, c'est comme s'obstiner à construire un abri sur une dune de sable.

Prier l'infini

Donner un nom à l'indicible, c'est comme s'obstiner à construire un abri sur une dune de sable. La « Présence » ne se voit pas, elle est insaisissable. Elle se vit et s'exprime en la subtilité de tout ce qui est. Elle est la clé du paradis.

L'union des êtres avec la vie est imparfaite parce qu'elle se joue dans l'ignorance de la « Présence », mais à qui sait la reconnaître, le bonheur est assuré.

Ni dogme ni syncrétisme, quoi qu'on en dise ou pense, la prière universelle s'adresse à toutes les vérités.

Ce livre est dédié à tous ceux qui, comme moi, veulent vivre le meilleur de l'existence et pouvoir le partager pour évoluer ensemble vers la paix retrouvée.

Prier dans l'Unité

Ni dogme ni syncrétisme, quoi qu'on en dise ou pense, la prière universelle s'adresse à toutes les vérités. Elle n'entre dans aucun système, n'est rattachée à aucune appartenance, la prière est libre de tous droits. L'enfermement dans un courant sectaire quel qu'il soit s'ouvre sur un enfer.

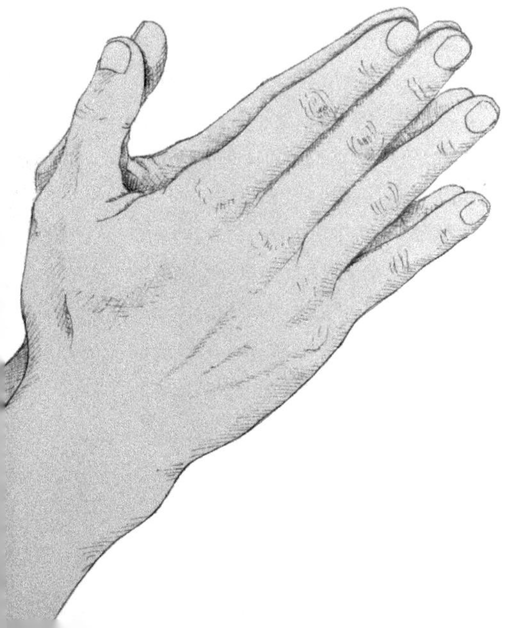

À QUOI SERT LA PRIÈRE ?

À ÉLEVER NOTRE CONSCIENCE

À longueur de journée, notre vie tourne autour des préoccupations quotidiennes. Quand vais-je parvenir à boucler ce dossier? Que préparer à dîner ce soir? Comment faire pour être mieux aimé ? Eh bien la prière sait nous faire sortir immédiatement du petit cercle égocentrique qui se referme sur nous-même, pour nous projeter dans un autre cercle vaste comme un souffle libéré. Et comme cela fait du bien! Il n'est rien de plus apaisant que se sentir relié à l'absolu, à l'univers, aux autres.

Il n'est rien de plus apaisant que se sentir relié à l'absolu, à l'univers, aux autres.

À ALLER MIEUX

Que ce soit sur le plan de la santé, du mieux-être ou de la spiritualité, il n'y a qu'une différence de niveau où l'on situe la prière, mais quoi qu'il en soit, cela fait du bien à notre cerveau et le corps s'en souvient, cela restaure notre «âme» même pour ceux qui ne pensent pas à elle. Une étude scientifique récente du *Religious Brain Project* (publiée en 2016) a démontré l'effet de la prière intense sur le cerveau. L'équipe de chercheurs neuroscientifiques, dirigée par le docteur Jeff Anderson, neuroradiologue, a soumis à l'IRM 12 hommes et 7 femmes, en les plongeant dans une situation « religieuse ». Les participants se sont donc prêtés à des activités spirituelles qui leur permettaient de retrouver le lien avec «Dieu».

Au programme, lecture de la Bible, prières, écoute de citations... Pour chaque expérience, ils devaient dire ce qu'ils ressentaient. La plupart ont rapporté un sentiment de paix et une sensation de chaleur. Plus intéressant encore : ils ont constaté, en observant les clichés de l'IRM, que la prière renforçait dans le cerveau le circuit de la récompense. Retenons le fait que prier rend heureux, « satisfait », et surtout annihile ce terrible sentiment de solitude qui nous étreint souvent dans nos sociétés occidentales. En priant, nous sommes reliés au monde (religion, étymologiquement, vient du latin *religare*, « relier ») et nous échappons à l'isolement, à condition de nous investir totalement.

À NOUS AMÉLIORER

En priant, nous sommes plus calmes, plus apaisés, cela nous rend meilleurs avec les autres, cela améliore nos relations. Nous sommes plus souriants, l'œil plus lumineux... Je vous assure, prier à l'intérieur se remarque... à l'extérieur, et cela fait du bien aux autres !

En priant, nous sommes plus calmes, plus apaisés, cela nous rend meilleurs avec les autres, cela améliore nos relations.

À ce moment nous portons en nous tout l'amour du monde baigné dans l'univers. Et nous qui sommes en permanence habités par des « microguerres intérieures », des petits conflits bien récurrents, des émotions pas toujours joyeuses, cela nous apaise.

La santé et la maladie

L'énergie de la vie est toujours réparatrice, à l'instant même où elle est endommagée elle n'a de cesse de se reconstituer. En cas de maladie, il n'est pas une seule fibre de l'être qui ne soit à l'œuvre de guérison. Un seul obstacle, mais de taille : celui de votre esprit. Êtes-vous prêt mentalement à guérir ? Un simple souhait ne suffit pas, il faut un engagement total dans la démarche de renoncement à la croyance que tous les symptômes qui se manifestent sont issus de causes étrangères à vous. Ce qui porte le nom de maladie n'est qu'une réalité temporaire, le reflet d'un état d'être sur lequel vous pouvez agir. Mais cela ne se résume pas à une seule attitude, c'est un ensemble d'éléments dont la prière fait partie, qu'il vous faut réunir si vous voulez guérir. En évoquant la maladie, on comprend que les soins nécessaires vont devoir dépasser largement le comportement habituel en cas de rhume, ou autres petits problèmes facilement traitables. Il sera donc hors de question d'ignorer les conseils de son médecin traitant et de s'abstenir de prendre les médicaments prescrits sous prétexte qu'ils sortent du cadre bio et de la médecine naturelle. Cela étant, il est à considérer avec beaucoup d'attention l'importance d'une nourriture saine et régulière, sans ajouts chimiques et le respect d'un mode de vie équilibré. Reste à présent le point crucial de l'état d'esprit au travers duquel chacun organise son quotidien. Face à la maladie, c'est bien cet état d'être qui permettra à l'énergie vitale de faciliter le rétablissement ou au contraire de la dégrader. La prière sollicite ce qu'il y a de meilleur en vous au point d'élever la conscience au-delà des souffrances. C'est à ce niveau-là qu'elle permet de guérir, à condition de maintenir en soi en permanence le calme et la confiance qu'elle aura induits.

À CRÉER UN MONDE MEILLEUR

Les prières savent déplacer les montagnes ! Quand elles sont nourries d'intention (prier pour la paix dans le monde, pour les défunts, les victimes des attentats...) et si on les « vit » de tout son être, loin de réciter comme un perroquet, elles entraînent une vibration positive d'une réelle efficacité sur la fixation de la matière. Les physiciens étudient depuis longtemps maintenant la relation entre la conscience humaine et la structure de la matière. Depuis qu'ils ont compris que tout dans l'univers est fait d'énergie, que les atomes sont constitués de tourbillons d'énergie qui s'animent constamment, les choses ont considérablement bougé.

Les pensées, les intentions influencent directement notre monde matériel.

Les pensées, les intentions influencent directement notre monde matériel. Notre conscience est un facteur déterminant pour créer des changements sur notre planète. Envoyer des pensées d'amour, une intention de soigner, les prières qui nous relient au meilleur de tout ce qui est en nous comme chez les autres, permet, à plus ou moins long terme, de transformer le monde qui nous entoure. Prier de cette manière, c'est évoluer en soi, améliorer sa conscience individuelle en exerçant un effet bénéfique sur la conscience collective.

PRIER ? MAIS COMMENT ? ET QUI ?

Les prières et les méditations qui vous sont proposées dans cet ouvrage laissent à tous le libre choix de s'adresser au « Dieu » de son cœur et de sa compréhension selon ses propres croyances ou non-croyances. À qui s'adresse votre prière et à qui avez-vous réellement envie de l'adresser ? En premier lieu, vous devez réfléchir à tout ce que vous savez à propos de la puissance supérieure à laquelle vous décidez de confier vos plus intimes requêtes.

Le mot «divin» est souvent source de controverses: ne vous laissez pas influencer, les mots ne sont que des mots et l'on n'a encore rien trouvé de mieux pour identifier l'excellence.

Que vous l'appeliez Dieu, Jésus, Bouddha, Brahma ou l'Énergie Universelle, le Grand Tout... il vous faut libérer cet archétype suprême au travers de sa différence avec le monde ordinaire, tout en l'incorporant à l'habituel de votre quotidien. C'est là que la prière intervient.

Laissez-vous prier comme vous l'entendez.

Vous décidez de vous adresser à l'énergie de la vie, à la nature, ou à la grâce de la beauté ? Soyez certain que le principe divin ne sera pas choqué, il n'y a que les êtres humains à vouloir enfermer l'absolu dans le carcan des individuations. Laissez-vous prier comme vous l'entendez.

Voyons ensemble. L'élément le plus déterminant est cet amour inconditionnel sans limites et sans intentions, qui s'écoule librement de votre cœur, que vous en ayez conscience ou non. Il est le partenaire idéal de vos prières, sans lui, vos intentions resteront vides et sans forces. Ce qui lui fait obstacle est l'égoïsme de l'esprit humain. L'amour éveillé n'est pas contraint par l'attachement à sa propre personne. Sans entraves, il laisse apparaître une créativité bénéfique à la vie et à tous les êtres dans le bonheur d'exister ensemble. Réfléchissez bien à cela avant de faire vos requêtes parce que c'est votre propre vérité qui résonne dans l'infini de l'univers et vous répond dans les plus infimes détails de votre existence. La prière commence par la prise de conscience que rien n'est à changer si ce n'est sa façon de voir, de ressentir et de penser.

L'amour éveillé n'est pas contraint par l'attachement à sa propre personne.

Si vous êtes anxieux ou en colère, déprimé ou soucieux, élevez vos pensées là où règne la force tranquille qui peut tout regarder en face sans perdre ses repères. Cette force protectrice est présente en chacun de vous, il vous suffit de la reconnaître et de l'utiliser pour le meilleur. Il n'y a pas d'efforts à faire, détendez-vous et laissez-vous être tranquille. Il y a en vous un espace où la solution que vous attendez est prête à guérir vos maux les plus rudes.

Il y a en vous un espace où la solution que vous attendez est prête à guérir vos maux les plus rudes.

Impossible de réduire l'immensité divine à une seule image, ni même un seul exemple. Je ne crois pas au concept de Dieu, car pour moi « Il » ne peut être nommé, décrit ou rapproché de la réalité humaine, sans y perdre son omniscience et son omniprésence, et par conséquent son pouvoir suprême. L'universalité propre à transcender les limites de l'esprit, la vacuité originelle qui n'a pas de début et qui n'a pas de fin, là où tout s'élève, prend forme et disparaît pour revenir se confondre, me semblent plus appropriées à définir s'il faut le faire pour s'en convaincre, le principe de Dieu. Mais c'est bien compliqué, alors pour faire simple, il n'est pas interdit de « Le » nommer.

Pardon à ceux qui se sentent heurtés dans leurs convictions, mais libre à chacun d'exprimer sa vérité et libre à tous de l'accepter ou de la refuser. Loin de moi d'espérer ou de vouloir rallier quiconque à ma pensée, je souhaite cependant partager le bonheur de ma foi et son intégrité, en respectant le Dieu des autres sans avoir à me taire sur le mien qui, de ce fait, est aussi le vôtre.

Amis ou pas, nous sommes réunis pour ce court temps de vie, et ce livre vous propose de nous rassembler au-delà de nos propres limites pour pouvoir prier d'un seul cœur, celui de notre humanité bienfaisante.

Amis ou pas, nous sommes réunis pour ce court temps de vie, et ce livre vous propose de nous rassembler au-delà de nos propres limites pour pouvoir prier d'un seul cœur, celui de notre humanité bienfaisante.

S'INSTALLER POUR PRIER ET MÉDITER

De tous nos rendez-vous, celui-ci devrait être considéré comme l'un des plus importants. Pourquoi ? Parce qu'il contient, en son temps de repli passager, l'énergie nécessaire à la résolution de tous les problèmes et au meilleur accomplissement de toute situation. Considérant cela, nous trouverons facilement les moyens de nous organiser.

Un peu d'espace suffira pour se poser sur un coussin ou sur une chaise dans un endroit calme. Un peu de temps suffira pour se relier à la profondeur de notre être venant à la rencontre d'un souffle régulier. Un peu de bonne volonté suffira pour tenir le mental sous le contrôle de notre vigilance. Un peu d'aspiration à devenir meilleur suffira pour développer en nous la force des qualités qui permettent d'y arriver.

Un peu de temps suffira pour se relier à la profondeur de notre être venant à la rencontre d'un souffle régulier.

Tenant compte de cela et nous y exerçant patiemment, nous verrons la progression de notre esprit tracer le chemin des réalisations que nous attendons. Le reste est question de décor, les bougies, l'encens, la musique, la nature ou une pièce close, c'est à chacun de voir selon ses projections, sachant que nous n'avons besoin de rien d'autre que l'ouverture de notre cœur à nos aspirations et celle de notre âme à son ascension.

CRÉER SON SANCTUAIRE

Si tel est votre souhait, un lieu consacré à la prière et à la méditation réunirait des conditions favorables à une bonne pratique. Le fait d'aménager ce lieu avec soin et de l'entretenir régulièrement constituerait une charge positive suffisante pour une bonne pratique. Il y a toujours un moyen d'aménager un espace uniquement réservé au recueillement et même s'il est petit, cela conviendra parfaitement.

Selon la place dont vous disposez et vos envies, un petit autel peut être dressé en hauteur sur un meuble ou une étagère. Choisissez une statue ou une image de la représentation divine qui vous est familière, accompagnées d'une jolie bougie et d'un petit plateau à offrandes, le tout déposé sur un tissu précieux, et cela suffira pour vous rappeler la sacralisation de l'emplacement. Les offrandes bouddhistes comprennent sept bols remplis d'eau et de riz symbolisant respectivement les actes de générosité dépourvus d'intérêt qu'il convient de s'habituer à pratiquer dans la vie quotidienne. Le sens immédiat des offrandes est de répondre aux besoins essentiels des êtres par les qualités pures que l'on s'emploie à développer. C'est la raison pour laquelle les offrandes sont renouvelées chaque matin avant de commencer la journée, en guise de consolidation de la motivation à être utile et bénéfique à tout ce qui est.

Selon la place dont vous disposez et vos envies, un petit autel peut être dressé en hauteur sur un meuble ou une étagère.

LE MATÉRIEL

Tout dépend de votre condition physique. Un coussin de méditation dur et souple à la fois grâce auquel vous pourrez demeurer confortablement assis sur le sol, les jambes croisées. Un tabouret pour ne pas céder à l'envie de vous adosser et qui facilitera la posture des corps moins entraînés. Un pull chaud ou une couverture, la relaxation contribuant au rafraîchissement de la température corporelle.

Évitez l'utilisation des bâtons d'encens industriels aux combustibles nuisibles à vos poumons. Enfin, prenez garde aux bougies que l'on oublie d'éteindre et qui peuvent provoquer un incendie.

> Oubliez les contraintes, mais tenez-vous dans la noblesse d'une posture qui accueille un invité de marque.

LA POSTURE

La manière dont vous vous tenez pour prier et méditer est importante. Oubliez les contraintes, mais tenez-vous dans la noblesse d'une posture qui accueille un invité de marque. Votre esprit sollicite une aide inespérée, peut-être difficile à obtenir. L'attitude corporelle doit correspondre à la confiance que vous portez en la requête. Vous ne pouvez donc pas être avachi. L'expression de votre corps doit être celle de qui s'apprête à recevoir une réponse favorable, c'est pourquoi vous devez être droit. Pour éviter toute tension, vous devez penser à vous relaxer, pour cela vous utilisez l'outil de la respiration consciente. Ne vous laissez pas vous agiter en bougeant fréquemment, essayez de garder la même position tranquille. Symboliquement, votre attitude extérieure est le reflet de celle de votre esprit. Lui-même se tient en toute vigilance, éloignant les pensées jaillissantes qui tentent de le perturber.

> Porter attention à sa respiration permet de mesurer plus facilement le côté fugitif des choses.

ENTRE DEUX SOUFFLES

Porter attention à sa respiration permet de mesurer plus facilement le côté fugitif des choses. À chaque inspiration, à chaque expiration, tout change et se transforme en commençant un cycle pour aussitôt le terminer. Dans l'intervalle se trouve l'espace créateur du devenir dont vous pouvez faire l'expérience consciente.

Installez-vous confortablement en prenant soin de ne pas être dérangé le temps réservé à votre pratique (10 minutes ou plus) et suivez votre souffle par la pensée.

Entre l'inspir et l'expir, plus aucun souffle, une infime plage de silence total, vide de toute expression. C'est en cet espace vacant que la conscience s'ouvre à sa plénitude.

Pendant que vous accompagnez mentalement votre respiration, ne tentez aucun contrôle, laissez-vous simplement porter par son rythme naturel en vous détendant jusqu'à ce que respiration et conscience ne fassent plus qu'un.

Au bout d'un certain temps dénué d'impatience, vous aurez la surprise d'apercevoir un minuscule temps d'arrêt entre l'aller et retour respiratoire habituel. Entre l'inspir et l'expir, plus aucun souffle, une infime plage de silence total, vide de toute expression. C'est en cet espace vacant que la conscience s'ouvre à sa plénitude. Les yogis donnent un nom à ce phénomène qu'ils appellent *Samadhi*. Patience !

La pratique de cette expérience sur le souffle est extrêmement bénéfique en cas de surmenage intellectuel et physique. Elle régénère les forces diminuées par trop d'agitation et devient le facteur de votre évolution spirituelle, si vous l'employez régulièrement.

DÉDIER LA PRIÈRE

Les vertus de la prière sont innombrables, elles détiennent le pouvoir de bénir ceux qui la formulent en toute intégrité.

Acte d'amour et de générosité, la prière se doit d'être toujours dédiée. En apparence, c'est une offrande virtuelle mais prononcée avec un cœur fervent, la dédicace de la prière porte les souhaits sincères vers leur meilleur accomplissement, le bien de tous les êtres. Les vertus de la prière sont innombrables, elles détiennent le pouvoir de bénir ceux qui la formulent en toute intégrité. Ces bénédictions s'ajoutent au potentiel de bonheur des destinataires comme de l'envoyeur. Toutefois une simple colère suffit à détruire le bénéfice de la prière si elle n'a pas été dédiée. En prenant l'habitude d'offrir tous les agréments dont nous pouvons profiter au cours de l'existence, les meilleurs moments, les joies, toutes les bonnes conditions dont nous jouissons, nous libérons le flux de l'abondance universelle vers les autres autant que vers nous-mêmes. Chaque instant heureux de notre vie, ainsi partagé, devient notre contribution au bonheur du monde.

PRIER EN FAMILLE

La prière, c'est la vie qui s'exprime au meilleur d'elle-même, tout simplement.

Pour en avoir fait l'expérience dans mon enfance, je vous le confirme: c'est une excellente idée. On peut prier avec des enfants très jeunes à condition de ne pas agiter l'idée d'un Dieu vengeur ou frappeur, ou pire encore, la menace du croque-mitaine et de l'enfer. La prière, c'est la vie qui s'exprime au meilleur d'elle-même, tout simplement. S'installer pour prier en famille, c'est par cela même installer l'habitude des échanges dans la confiance. Un cadre qui fait si souvent défaut aujourd'hui. Il est aussi très utile de prier entre parents et enfants pour des membres de la famille décédés, une manière de relier l'enfant à ses racines familiales en évitant l'oubli.

LA PLACE DE DIEU DANS LA PRIÈRE

Elle est présente à chaque instant. Quand je prie le Bouddha dans sa pure nature de sagesse, c'est à Dieu que je m'adresse.

Quand j'invoque l'aide de Jésus dans sa Sainte Trinité, c'est au même Dieu que je m'adresse, car pour moi l'essence divine est unité.

Jésus et Bouddha sont mes Maîtres éternels; je ne les quitte jamais des yeux parce qu'ils me conduisent jusqu'à Dieu, soit à l'Énergie Universelle.

L'exemple de leur vie, les conseils et les enseignements qu'ils ont légués au monde nourrissent ma foi et engagent mon courage. Chaque matin et chaque soir, je prends bien soin de déposer mon humble cœur dans l'écrin de leur cœur divin. Ma prière est de les aimer plus que tout dans l'unité ultime de ce qu'on appelle Dieu.

Jésus et Bouddha sont mes Maîtres éternels ; je ne les quitte jamais des yeux parce qu'ils me conduisent jusqu'à Dieu, soit à l'Énergie Universelle.

Prier pour se guérir

Peut-on dire de la prière qu'elle est une thérapie ? Si tel est le cas, elle est certainement la plus ancienne, la plus mystérieuse et peut-être la plus efficace en matière de guérison de l'esprit. Le corps composé de matière « intelligente » obéit à la loi que lui impose l'esprit qui le gouverne. Croyez en son pouvoir et vous verrez vos maux diminuer, votre santé s'améliorer et bien souvent devenir florissante. Les témoignages ne manquent pas à ce sujet. Cela voudrait-il dire qu'il faille cesser de se soigner comme on le fait ordinairement ? Certainement pas ! Les molécules physiques ont besoin de molécules correspondantes et les médicaments sont, peu s'en faut, la plupart du temps nécessaires. Mais l'esprit, lui, n'est sensible qu'aux sentiments, aux émotions et aux pensées. La prière en ce cas est un remède qui va le sortir de l'emprise émotionnelle causée par la douleur et la peur face au mal-être. L'acte de prier tel qu'il vous est présenté dans cet ouvrage ne comporte pas d'interdit, ne sous-entend aucune sanction si vous lui adjuvez d'autres méthodes. La prière n'est pas sectaire et encore moins jalouse. Bienveillante en tout point, elle vous accompagnera dans toutes vos démarches pour aller bien, pour aller mieux, et elle vous soutiendra envers et contre toutes oppositions et apparences contraires. Serait-ce pour éprouver votre courage et votre foi ? Mais non, la prière ne raisonne pas, et c'est justement pour cela qu'elle agit dans le sens du « miracle ».

Se mettre en condition

Fermez les yeux au regard extérieur et laissez votre esprit descendre dans votre cœur. Chaque battement frappe à la porte de votre univers intérieur pour maintenir le rythme de l'énergie de la vie. Prenez le temps de ressentir cette puissance qui est en vous.

Au même instant vibrent les pulsations du cœur du monde. Lorsque vous inspirez, tous les souffles s'unissent, lorsque vous expirez, le cœur des milliers d'êtres se vide et se remplit. Sans cesse et sans répit, le courant de la vie inonde votre corps pour le régénérer comme il le fait dans tous les autres corps. Ne voyez pas en lui une quelconque faiblesse, il est universel, il est la vie! En cessant de douter et de vous affoler, laissez-le faire son œuvre et laissez-vous guérir.

Communication intime: parler à ses cellules

Il n'est pas un atome de votre être qui soit dépourvu d'intelligence. Adressez-vous directement à vos cellules, car c'est d'elles que dépend l'ordre dans votre corps.

Le principe de la vie est vibratoire, il rayonne et diffuse une lumière pure et éclatante, invisible à la vue ordinaire. Imaginez donc cette lumière blanche immaculée comme une substance sacrée contenue dans chaque souffle inspiré, et commencez par la faire pénétrer en vous à chaque inspiration consciente.

Puis, à l'expiration, laissez-la se diffuser en comblant tous les espaces de votre corps. Faire une dizaine de respirations sans rien forcer.

Votre pensée bien concentrée entre en contact avec l'organisation profonde de votre être. Descendez maintenant au cœur de vos cellules, chargé de la mission de leur transmettre l'ordre de guérison.

Inspirez la vitalité blanche étincelante de santé et expirez son flux de vie propre et purificateur dans les cellules de votre sang.

→

Respirez normalement en visualisant tous les courants sanguins se nettoyer au contact de ce nouvel apport de santé. Renouvelez le parcours une dizaine de fois bien tranquillement sans vous presser et sans forcer votre respiration.

Puis entrez en communication directe avec vos cellules comme vous le feriez avec une personne en leur disant :

« Intelligence cellulaire, vous mes cellules, je vous envoie une vie nouvelle, propre et sans maladie. Par le courant du souffle, je vous transmets la force et la puissance qui régénèrent, laissez-vous revivre, laissez-vous calmer, laissez-vous guérir ! »

À nouveau, *reprenez vos respirations porteuses de lumière vitale en « voyant » vos cellules s'en nourrir et s'en réjouir. Terminez le contact avec gratitude pour l'entrée de cette vie pure en vous et remerciez vos cellules de l'avoir accueillie et de la garder intacte.*

Puis établissez quelques instants de silence en pensant fermement que tout est accompli.

Cette prière guérisseuse doit être renouvelée autant de fois que le besoin s'en présente. Dans l'intervalle, ne doutez pas !

PRIÈRES QUOTIDIENNES

LE MATIN

Comme un jour se lève, la conscience toute nouvelle du matin est la plus propice à la prière. Après un bref rafraîchissement du visage et de la bouche, installez votre recueillement avant toute autre activité si vous le pouvez. La prière du matin va inspirer toute votre journée en continuant de diffuser les messages dont vous l'aurez chargée. À chaque nouveau souffle, tout peut commencer, se poursuivre dans les meilleures conditions ou changer. Le matin au lever est l'occasion d'une prise de conscience positive. Dès cet instant, l'esprit donne le ton aux couleurs de la journée.

À chaque nouveau souffle, tout peut commencer.

Chaque instant est un nouveau jour !

Au réveil qui me redonne la conscience de la vie,
j'adresse des louanges.

À la lumière du soleil, aux chants des oiseaux
et à la continuité de mon existence, je rends hommage.

À toutes les formes de vie qui partagent l'espace
de cette planète, je rends hommage.

À ceux qui sont mes amis et même à mes ennemis,
et aussi à tous ceux que j'ignore ou que je ne connais pas,
je rends hommage.

Voici un nouveau jour porteur de bien des occasions
de devenir meilleur.

À toutes les opportunités dressées sur le chemin
de la journée, je rends hommage.

Auprès de l'énergie de la vie qui m'habite, je m'engage
à m'abstenir de donner prise à tout conflit.

À la pure énergie spirituelle qui se love en mon cœur,
je rends hommage et j'adresse des louanges.

Puis, mentalement, étendez le panorama de la journée devant votre regard intérieur. Chaque parcelle de votre être va concourir à faire de ce jour un bonheur, une victoire ou une désolation. À vous de voir comment vous voulez agir et réagir face aux circonstances et aux événements, sachant que vous aurez à déployer vos capacités physiques, mentales, émotionnelles et spirituelles dans le sens le plus approprié à l'harmonie que vous souhaitez.

Pour la paix de mon corps et de mon esprit,
bénie soit cette journée.

Pour la bonne utilisation de mes pensées et de mes émotions,
bénie soit cette journée.

Pour que ce que je reconnais comme le meilleur en moi
s'accorde à mes imperfections et puisse les transformer,
bénie soit cette journée.

Pour être digne de l'énergie de la vie qui me remplit
et qui me comble, bénie soit cette journée.

Pour que l'amour du monde, des autres et de moi-même
ne me quitte jamais, bénie soit cette journée.

Pour que ma joie rayonne et diffuse l'espoir dans le cœur
de chacun, bénie soit cette journée.

Pour que mes yeux ne perdent jamais de vue la splendeur
de mon cœur spirituel, bénie soit cette journée.

Pour que mes oreilles entendent clairement la voix
de ma conscience, bénie soit cette journée.

Pour que mes émotions s'imprègnent des effluves
de la sagesse, bénie soit cette journée.

Pour que je goûte à la saveur du bonheur,
bénie soit cette journée.

Pour que mes aspirations les plus belles touchent du doigt
la douceur ineffable du divin en moi, bénie soit cette journée.

Ensuite, faites en sorte de réunir au sein du temple de votre cœur tout ce qu'il y a de plus beau, de plus pur et de plus vrai afin que le pouvoir de la vie ouvre, pour vous et pour tous les êtres, les vannes de son abondance de bonheur.

Courte prière pour bien commencer ma journée !

Par la grâce de la vie qui se renouvelle,
bénie soit cette journée !

Je suis la joie qui éclaire tout ce que j'entreprends.

Je suis l'amour, la bienveillance et je suis la patience.

Je suis l'ami de tous les êtres, je répare et réconcilie.

Sans compter, je donne le meilleur de moi-même
et le meilleur me rejoint.

À MIDI

Quitter ses activités habituelles pour nourrir l'esprit avant le corps est une attitude bénéfique sur tous les plans de l'être. À cette heure du jour, pas trop de temps et une belle surcharge de choses à réaliser. Si toutefois vous acceptez d'accorder la faveur d'un court instant de pause à l'avantage de votre être essentiel, vous ne pourrez que vous en féliciter tant cela aura un retentissement bienheureux dans la suite de votre journée.

Un instant, où que vous soyez, créez un espace intérieur en imaginant une plage au bord de l'océan ou une jolie prairie à flanc de montagne. Dans ce lieu paisible et beau, détendez-vous… À chaque inspiration, sentez l'énergie de la vie inonder votre corps et le revitaliser. À chaque expiration, sentez les tensions liées à vos problématiques sortir par tous les pores de votre peau tels des visiteurs n'ayant plus leur place auprès de vous. Observez votre esprit dans ce bain de jouvence que la pause spirituelle de midi lui accorde. Rien d'autre à faire et rien d'autre à penser, rester là un instant et se laisser complètement détendre. La liberté d'être est au prix de la sérénité.

Rien d'autre à faire et rien d'autre à penser, rester là un instant.

Pause déjeuner spirituelle

L'abondance comble ma table et pendant que mon corps
se nourrit, mon esprit se réjouit.

À tous les êtres qui ont contribué de près comme de loin
à la production de cette nourriture, j'exprime ma gratitude.

Par la force de la compassion, je transforme ce repas
en une multitude de bénédictions que j'adresse à tous.

Puisse l'Énergie Universelle prendre soin des enfants
de la Terre et ne plus permettre qu'un seul d'entre eux
souffre de la faim.

Je m'engage à ne jamais gâcher une seule miette de pain
et à offrir par la prière et par le geste,
une part de ce qui me revient.

Béni soit ce repas et ceux qui l'ont préparé,
et bénis soient ceux qui vont le déguster.

Qu'il en soit ainsi dans le cœur du divin.

LE SOIR

La prière du soir a toute son importance. Quand on cherche des réponses, on peut les trouver sur les chemins du rêve. Au moment où la conscience de veille éteint ses derniers feux, le mental s'endort. Certains, aux sens affinés, peuvent chaque nuit percevoir un poisson d'écume doré s'élever au-dessus des perceptions ordinaires. C'est l'heure des révélations, l'instant choisi par l'inconscient ou par les esprits pour délivrer leurs messages. Suivre la flèche de la guidance est le moyen de traverser les algues brunes et mauves du sommeil, où s'entremêlent les sentiments élevés pris au filet des émotions perturbatrices. Tout comme vos jours, vos nuits ont également besoin de liberté, et pour ce faire, il n'est rien de mieux que prier.

Quand on cherche des réponses, on peut les trouver sur les chemins du rêve.

MISE EN CONDITION

Le corps mis au repos s'étend sur le dos pour faire la planche sur les eaux de la tranquillité. Laissez-vous détendre en faisant apparaître dans votre esprit un ciel de nuit prometteur d'inspiration. C'est le moment de murmurer le chant de grâce de la prière du soir.

INSTALLER LA PRIÈRE

Toi, ma lumière de vérité, mon savoir intérieur, j'invoque ta sagesse. Je te donne pour mission d'éclairer le chemin de mes rêves en conduisant mes pas de nuages jusqu'à la clarté des réponses à mes questionnements.

Exposez ici votre requête.

Puissé-je entendre le message et le comprendre sans confusion.

Je remercie mon subconscient de me livrer clairement les images, les impressions et les mots qui me feront connaître sans erreur ce que je dois savoir.

Prière du soir

Dans toutes les directions de la Terre et du Ciel, ma prière
s'élève en traversant les mondes de l'infini.

Lumière de lune, éclaire ma voie.

Laissant à son repos la matière de mon corps,
je m'en vais doucement vers d'autres horizons.

Lumière de lune, ton rayonnement dessine mes ailes.

Le temps glisse sur les eaux célestes et dans le prolongement
de ce voyage, mon être prend la forme d'un mirage.

Lumière de lune, quelle part de rêve dans cette réalité ?

Sur mon passage, je croise des visages à demi estompés,
des mains se tendent que je ne puis saisir.

Lumière de lune, pourquoi cela m'est-il montré ?

Le Ciel éclate et la lumière déchire l'espace,
montrant l'amour comme seule évidence.

Aux portes de la vie, des milliers d'êtres se pressent.

Lumière de lune, en quoi puis-je être utile ?

La réponse vibrante en mon cœur me fait tressaillir
de bonheur. Ce mouvement me conduit là où je dois aller.

Demeure en moi l'intensité d'une espérance.

L'appel unique de l'univers reliant tous les êtres à l'amour.

À toutes questions une seule réponse, aimons-nous !

Au cours du sommeil, l'esprit devient un réceptacle propice à l'éveil de la conscience. N'étant plus assujetti aux activités commandées par la volonté, le mental se met lui aussi en sommeil. Un autre univers en nous déploie ses ailes.

Tel un disque de lune, la sagesse se mire dans les eaux du lac des rêves. Mais où est donc la réalité, dans le reflet ou dans l'image qui se regarde ?

À l'aube d'une conscience nouvelle induite par le sommeil, faisons le point sur les mouvements de la journée passée. C'est le moment de l'exploration des comportements, ont-ils été conformes à l'esprit du début de journée ? Il n'est de service plus grand à se rendre que la prise de conscience de ses propres agissements, au regard des promesses que l'on s'était fixées. Pas de temps à perdre avec de fausses excuses, pas non plus de culpabilité, juste la vision impersonnelle du témoin de soi-même. Quelques regrets ou des satisfactions ?

Il n'est de service plus grand à se rendre que la prise de conscience de ses propres agissements.

Au coucher pour se libérer

Par la grâce de la vie qui se renouvelle,
je m'accorde le temps de me reposer.

En mon esprit est une force qui prend soin de mon corps,
j'inspire, j'expire, je me détends profondément.

À chaque souffle, le poids de mon corps se fait lourd,
de plus en plus pesant, je ne résiste plus, je me détends.

J'inspire la douceur de l'instant, j'expire toutes mes fatigues.

Peu à peu mon esprit s'envole, de plus en plus léger au-dessus
de mon corps et au-delà du temps, je laisse faire.

Le voile s'ouvre en libérant l'espace d'un ciel sans
limitations, je me sens bercé et me laisse porter, tout doux
et tout léger dans le souffle de mon souffle qui inspire...
Expire...

J'inspire le moment présent, j'expire toutes les pensées,
je laisse aller...

Une prière avant de dormir

Dans la pure nature de mon cœur, je reconnais mes erreurs
et les dépose en ce lieu vibrant de sagesse
afin de m'en libérer.

Sur le regret, j'élève la joie puissante d'une motivation
inébranlable qui me permettra de ne plus rechuter.

Je place ma conscience dans le refuge qu'est la nature
pure de mon esprit, et là tout mon être s'apaise.

Je fais la paix avec moi-même, avec les autres
et avec les événements de la journée passée.

Je me souviens du meilleur et je rends grâce pour toutes
les bonnes choses que j'ai aujourd'hui rencontrées.

La lumière améthyste de la nuit enveloppe les rêves pour
leur donner réalité. Puisse la douceur de mes souhaits
déposer une goutte de bonheur dans tous les cœurs.

Abandonner ses peurs pour un sommeil réparateur

Étendu sur le dos, les bras allongés de chaque côté, portez attention à votre respiration jusqu'à la rendre fluide comme le courant profond d'un océan tranquille, puis laissez vos paroles glisser dans l'espace :

J'abandonne mes peurs dans le cœur d'amour universel, je déclare la paix avec moi-même et avec le monde entier. Rien ne peut plus me nuire, je me repose dans les bras de l'amour éternel et je m'endors, l'esprit délivré.

POUR SE RELIER À PLUS GRAND QUE SOI

Prière universelle : vivre !

Sur tous les chemins de la Terre, sur les voies
de tous les univers, puissent les êtres se rencontrer
dans la prière et s'y réconforter.

Par la force d'une motivation sincère et par la grâce
de la confiance, puissent tous les êtres se rassembler,
s'entendre et se comprendre.

Des efforts engagés pour nous améliorer, puissent
les souffrances diminuer, les doutes et la peur disparaître,
puissions-nous vivre sans animosité.

Qu'à l'abri des difficultés nous gardions la conscience
de ceux qui sont sans protection, et qu'en leur offrant
notre cœur nous fassions tout pour les aider.

Attentifs aux appels des besoins du plus faible, puissions-
nous ne jamais rejeter celui qui n'a que sa souffrance à nous
donner, et accepter joyeusement de la porter ensemble.

Que les sans-abri trouvent refuge en notre compassion
sans attente, et que la nourriture abonde
dans l'assiette des plus pauvres.

Que ceux dont l'esprit est fermé à toute élévation spirituelle,
sachent qu'il n'est rien d'autre à croire ou à prier
que l'amour sans bornes qui donne sans compter.

Puissé-je des mots que je prononce
faire ma vérité et que mes intentions
bienveillantes deviennent la réalité
qui protège et soulage.

Par la puissance sans égale de la foi,
puisse la grâce sublime de ce qui nous dépasse
guérir les maladies du corps
en purifiant les nuisances de l'esprit.

Que tous ceux qui s'emploient à pratiquer le bien
se lèvent et se rassemblent en une seule chaîne d'amour
solidaire, travaillant à la paix au lieu de faire la guerre.

Par les mérites que j'ai ainsi créés, puissé-je aussi
longtemps que je vivrai, combler au mieux les cœurs
de tous bonheurs !

Prier Dieu tel qu'Il m'apparaît

Dieu créateur au pouvoir absolu
sur tout ce qui existe,
Dieu miséricordieux accordant le pardon,
délivrant Sa bénédiction,
Dieu à la fois Père, Fils
et Saint-Esprit
en mon cœur réunis,
dans la contemplation
et la vénération, je prie le Dieu
du Christ rédempteur.

Dieu de la foudre et du tonnerre,
Dieu des mystères
de la Terre, Dieu qui donne la lumière
à l'âme des poètes,
qui soulève les vagues des océans
et met du bleu dans les yeux des enfants,
pour toutes les grâces
et pour toutes les beautés, je loue
le Dieu du monde infiniment.

Dieu du Bouddha sans existence, sans création,
à la fois vide et plein. Dieu vacuité
semblable à l'espace
mais pas seulement, inconnu
de l'ignorance du monde
et pour cela détourné des consciences,
contenant de tout
ce qui est, contenu des parcelles de vérité
que nous sommes, Je suis, Tu es,
en toi tout ce qui est, hors de toi
l'illusion des choses.

Gloire à Ton nom, louanges à ton image !

Mais à l'heure donnée en mon âme,
rien autre que le baiser de l'unité.

Pour m'aider dans ma vie de chrétien

Dans le secret de mon cœur,
tu es venu déposer une fleur de douceur.

Depuis, c'est l'espace de la prière qui montre ton visage
et je sais que ton amour ne m'abandonne jamais.

Jésus, tu as donné ta vie pour soulager les êtres,
mais les êtres ne l'ont pas compris.

Par ton exemple, tu as montré la voie du cœur aimant,
mais les êtres ne l'ont pas suivie.

En ton nom, nous déclarons la guerre et osons perpétrer
à la sortie des temples et des églises, l'ignoble hypocrisie
que tu avais bannie. Pitié !

Puissent nos vies, aussi fragiles que celles d'un papillon,
se tenir au bout du doigt de ta justice, sans te le reprocher.

Comprenant que les actes d'hier produisent les effets
d'aujourd'hui, puissions-nous prendre devant toi
l'engagement de demeurer compatissant avec l'humilité
que tu as enseignée. Ainsi Jésus, peut-être reviendras-tu ?

ΑΩ

Pour m'aider dans ma vie de bouddhiste

Comme la Terre fournit un abri à tous ses habitants,
puisse notre bienveillance devenir le refuge
de tous les êtres vivants.

Comme l'eau se fait messagère de la vie,
puissent notre corps, notre parole et notre esprit
transmettre l'espoir, l'amour et la sagesse.

Comme le feu brûle et purifie,
puisse notre cœur prendre en lui les souffrances
des autres et leur offrir sa limpidité.

Comme le vent fougueux abat les arbres centenaires,
puisse notre esprit déraciner les arrogances de son ego.

Comme l'espace incréé contient tous les potentiels,
puissions-nous faire de notre vie un bonheur partagé.

Et puissions-nous devenir capables d'être bénéfiques
et utiles à tout ce qui existe.

À la rencontre du divin

Quand un élan s'élève dans un mouvement,
j'aime à penser : Dieu Se regarde.
Quand le mouvement se fond dans l'espace,
dieu Se repose insubstantiel et invisible
mais présent à l'état latent.
Dieu est en moi – Je suis en Dieu,
j'inspire Sa force, j'expire mes craintes.
J'inspire Son amour, j'expire mes déceptions.
J'inspire Sa protection, j'expire ma solitude.
J'inspire Sa paix, j'expire l'agitation.
La force divine en moi
est le soleil qui m'éclaire.
L'amour divin en moi
est le soutien qui m'encourage.
La protection divine en moi
est mon bouclier contre l'adversité.
La paix divine en moi
est l'infinie tranquillité qui me repose et qui me calme.
Quand mes pensées s'apaisent
je rejoins Dieu en Son jardin.
Quand je n'attends plus rien
je regagne l'océan divin.
Plus de mouvement et plus d'élan
ni Dieu, ni toi, ni moi.
Rien que le temps présent mais pas seulement
le vide-plein de l'incréé.

Rendre grâce

Moi, (dites votre nom) avec amour et enthousiasme,
je rends grâce à la prière pour ses bienfaits inestimables.

Parce que Dieu est Dieu, Il est la pure nature
de tout ce qui existe.

Il est le vol du papillon, l'étincelle du silex,
le vent dans les vagues de l'océan.

En moi Il est la vie sans cesse renouvelée,
à chaque instant je prie.

Parce qu'en tout, je sais qu'Il est !

Chère maison, sois protégée

Ma maison est la maison du bien.
Aucune autre influence ne peut y pénétrer
hormis celles de l'amour et de la joie partagés.

Ma maison est celle du bonheur, aucun souci ne peut
s'y installer par manque de place pour le découragement.

Rien ne peut nuire à mon foyer parce qu'il est gardé
par l'amour qui veille.

Dans ma maison, la loi de l'abondance prodigue ses bienfaits
et la peur de manquer est inconnue.

Dieu de mon cœur et de ma compréhension, tu es chez toi
dans ma maison, sous ta protection je remets l'existence
de mes bien-aimés, et tous ceux qui y pénètrent
sont bénis et comblés.

Je voudrais être protégé

À mon ange gardien, au guide spirituel et à tous ceux qui, dans l'invisible, veillent sur moi et me protègent, je dis :

Vos regards de sagesse éclairent
les voies de mon karma.

Assis ou à genoux, les mains jointes tendues vers vous, avec amour, avec conscience, en silence, je prie.

Comprenant que les couleurs de la vie varient d'un temps à l'autre, à chacun revient la tâche de peindre sa terre et son ciel personnels. Vous êtes l'artiste créateur de vos pensées, de vos sentiments et de vos émotions. Quand vous priez, vous accomplissez vos plus belles œuvres.

Quand vous priez, vous accomplissez vos plus belles œuvres.

Il ne revient à personne la capacité de vous protéger en toutes circonstances, seul le refuge dans l'immuable sagesse peut le faire. Pourquoi ? Parce que seule la sagesse sait vous guider avec certitude dans la traversée de l'obscurité. Alors avec confiance et dans la paix, laissons-nous prier.

Simplement pardon

Bouddha, Jésus, vos cœurs sacrés
sont les mêmes. Gratitude !

La parole divine est partout semblable
quand il s'agit d'aimer,

Je l'entends et je m'efforce de l'appliquer.
Vénération !

Assis ou à genoux, les mains jointes tendues
vers vous, je prie.

Aimez-moi ! Aidez-moi ! Protégez-moi !
De grâce, ne m'abandonnez pas !
De votre soutien j'ai besoin. Supplication !

Abandonnant l'attachement aux apparences
que je sais être forcément trompeur,
je prends refuge en vous. Dévotion !

Assis ou à genoux, les mains jointes
tendues vers vous, je prie.

Dans l'isolement, je ne m'afflige pas. Je m'abandonne
à la Présence Sacrée qui est en moi. Confiance !

Des critiques, des jugements, je ne me soucie pas.

Je me réfère à la noblesse de ma conscience. Humilité !

Assis ou à genoux, les mains jointes
tendues vers vous, je prie.

Mes chagrins, je vous les confie. Votre amour sans condition est ma consolation. Patience !

Les maladies peuvent bien tourmenter
mon corps,

Je soigne mon esprit et trouve la paix en lui.
Acceptation !

Assis ou à genoux, les mains jointes
tendues vers vous,
je prie.

Quelles que soient les couleurs de la vie,

Je prends refuge dans le soleil de ma foi.

En marchant, en courant, en travaillant
ou en me reposant...

En toutes mes activités, de jour
comme de nuit, je prie !

L'AMOUR ET L'AMITIÉ

Prier pour savoir aimer

(lettre à ma famille humaine)

Quand je suis un dans l'unité, je suis comblé,
je n'ai plus rien à envier.

Aux êtres de ce monde et à ceux de l'ailleurs,
à ceux que j'aime toujours présents en mon cœur,
à ceux qui me font mal et aussi à tous ceux
que je ne connais pas, j'adresse une prière d'amour sincère.

Qu'est-il de plus puéril que de nous nommer frères, sœurs,
amis, nous qui nous faisons tant la guerre ? On se prend
dans les bras pour mieux serrer nos certitudes d'être aimé,
assouvir nos besoins de reconnaissance, nous prouver
à nous-même que nous valons la peine, que nous sommes
quelqu'un qu'on aime. Est-ce cela que l'on appelle aimer ?

Frères, sœurs, amis des quatre coins du monde
et amis d'outre-tombe, il est temps de poser les armes,
il n'est que temps de nous aimer vraiment.

Dans l'espace libre de nos infinies possibilités est un amour
que nous croyons connaître mais que nous ne savons
pas encore donner, celui de l'équanimité. Cet amour-là
est un relais, en lui nous nous retrouverons
sans plus jamais avoir à être séparés.

Mon frère, ma sœur, mon ami, il est une part de toi en moi, c'est pour cela que je peux t'aimer. De même, il n'est pas un seul être qui ne soit pas moi. Toujours présente à mon esprit, cette seule pensée doit m'empêcher de nuire.

Dans le miroir de ton être, je me regarde et je vois ton désir d'être heureux. Ma joie de vivre, je te l'offre en partage pour que mes souhaits de bonheur deviennent tes réalités.

Quand tes forces faiblissent, je me fais le support sur lequel tu peux t'appuyer sans compter. Quand le succès te fait briller au firmament du monde, je sais éteindre ma lumière. Si tu me quittes, si la vie nous sépare, je fais des souhaits pour que tu sois comblé. La route n'en finira jamais de nous réunir à nouveau.

À tous les êtres je dédie cette prière, qu'elle soit portée entre vents et marées et déposée au cœur de l'unité.

Des mots d'amour pour prier son âme sœur

La plus belle histoire de ma vie, c'est toi qui l'écris, mon âme. Les plus beaux paysages, je les contemple dans tes yeux.

Regards tournés vers le même horizon qui nous unit, je t'aimerai au-delà du temps.

La paix du monde, c'est toi qui la dévoiles, mon âme. Le don de soi est source du bonheur, il alimente toutes les rivières. Main dans la main dans la même direction, je t'aimerai au-delà des distances.

À rester là ensemble à regarder le temps, je sais que pour qui s'aime, jamais il ne finit. Des oiseaux volants dans le ciel, il en est toujours un qui part le premier. C'est pour cela que je te dis : « Je t'aimerai au-delà de la vie. »

Rien à chercher, à gagner ni à perdre, nous nous sommes trouvés, mon âme. Mon souffle dans ton souffle offre cette prière pour que le vent la porte dans le cœur des amants.

Rien ne sépare ce que l'amour unit.

Je voudrais rencontrer l'amour

Quand la route de ma vie traverse un désert,
Je refuse de me décourager.

L'absence de présences révèle un temps de pause
Que je ne veux pas rejeter.

Parce qu'elle est « maturante », parce qu'elle est nécessaire,
La solitude est la compagne de la transformation.
Loin de tous bavardages, proche de l'inspiration,
Je me sais aux frontières d'un nouvel univers.

Quelque part dans l'espace un être attend l'amour,
Celui-là même que je suis prêt à lui donner.

À ne pas en douter, nous sommes faits l'un pour l'autre,
Depuis toujours, notre rencontre est inscrite au programme.

Alors sans impatience et dans la joie de la confiance,
Je t'attends !

Il viendra le signal qui te fera bouger dans le sens
du rapprochement,
Brillera la lumière qui me fera te reconnaître.

Nous détenons chacun le complément de l'autre,
Il viendra bien le temps de la rencontre.

Pour l'heure, je prépare mon cœur au bonheur,
C'est dans la paix de l'âme que je t'attends.

Mon ami, je suis là pour toi

À toi que je connais ou à toi qui m'ignores.
Toi qui demandes de l'aide et toi qui n'en veux pas.
Je viens te dire que je suis là.

Je suis là en silence, porte du cœur ouverte,
Pour que tu puisses entrer quand bon te semblera.
Dis-toi seulement que je suis là.

Tu peux avoir envie de déposer ta peine
Ou simplement trouver quelqu'un à qui parler.
Souviens-toi, je suis là.

Il est si difficile de rechercher de l'aide
Et si libérateur d'accepter de le faire.
Pour toi, je serai toujours là.

Si malgré tout cela, tu n'oses toujours pas,
Viens à moi en pensée, rends-moi une visite.
Ici, ailleurs, je suis là.

Je confie ce message à l'oreille du vent,
Pour qu'il chasse les nuages de ton hésitation.
Mon ami, je suis là pour toi.

Mon amie, merci d'être là

Aux orgues de la souffrance s'accorde
le plus souvent l'hymne de l'existence.

Quand les dieux et les saints nous ont abandonnés,
bénie soit l'amie qui à cet instant apparaît.

Elle est la présence qui met de la couleur
sur les joues délavées par les larmes.

Elle est la main qui s'ouvre sur un cœur débordant
de tendresse qu'elle offre sans conditions.

Elle est le doux regard posé sur les plus dures réalités,
faisant du désespoir la fragilité du passé.

Elle est le soleil levant de tous les changements.

Mon amie, merci d'être là !

Elle est celle qui révèle les qualités latentes,
dissimulées derrière les colères et les peurs.

Elle est la chef de file de la transformation,
celle qui pousse à avancer sans jamais rien forcer.

Elle est la force sur laquelle je m'appuie, une sorte de double
qui accepte de partager une part de mon sac de difficultés.

Mais elle est aussi celle qui me donne envie d'aider
et d'aimer les êtres et la vie.

Mon amie, merci d'être là pour moi.

DES CHANGEMENTS POSITIFS

J'arrête de ruminer

Conscient de la puissance de mes pensées et de mes sentiments,
Je regarde le côté positif de ce qui m'arrive
Et pour commencer, j'arrête de ruminer.

Ma détermination à aller mieux, à aller bien.
Fait briller un soleil dans la morosité ambiante
Au sortir de la nuit, j'arrête de ruminer.

Aucune connaissance ne vaut une expérience.
Je déclare achevé le temps de la souffrance,
En souriant intérieurement, j'arrête de ruminer.

La conscience libérée de tous ressentiments,
Je découvre en mon être, l'esprit de l'univers.
À lui seul je m'adresse, j'arrête de ruminer.

Au principe de la vie, immortel rayonnant,
Je vois la vérité aux multiples visages.
En moi je garde l'unité, j'arrête de ruminer.

Ce qui est au-dedans deviendra au-delà.
Je vis non pas par moi mais par l'union en moi,
Mettant fin à la peur, j'arrête de ruminer.

L'amour, l'estime de soi, la confiance et la joie
Deviennent les ferments de mes nouveaux choix.
J'aime, je sème et je cultive, j'arrête de ruminer.

D'une pleine attention ancrée et éveillée,
Je reste à l'écoute de la sagesse en moi.
Délivré du passé, j'ai arrêté de ruminer.

J'ai besoin de calme, je fais les bons choix

Il y a beaucoup de bavardages en mon esprit.
Des discussions, des jugements
et parfois même des commérages.

Les illusions chuchotent et les doutes radotent, les certitudes
tentent de s'approprier toutes les conversations.

Dans ce manège mental, ma tête n'en finit plus de tourner,
mais à présent c'est décidé, je me mets en silence, j'écoute
ma petite voix et je fais les bons choix.

Quand à nouveau j'entends le galop des mots approcher,
j'arrête tout et je me pose dans une aire de sérénité
que j'établis en mon esprit.

J'inspire le calme et j'expire le silence, suffisamment
de temps pour que se lève en moi la seule petite voix
qui m'inspire les bons choix.

Cultiver la simplicité

J'apprends à écouter le silence, et c'est dans ces instants
que je rencontre la beauté de la simplicité. Elle est
cet entêtement à ne jamais franchir l'au-delà
de ce qui se présente.

J'arrête tout et je pose mon cœur dans le calme
de la respiration. Je pense, fleur du matin se referme le soir.
Entre les deux, j'inspire, j'expire, et je vais bien.

Malgré la grisaille du temps, j'écoute la mélodie du cœur
aimant. J'inspire, j'expire, et je vais bien.

L'énergie joyeuse est sans fards, je la cultive
pour rendre les autres heureux.
J'inspire, j'expire, et je vais bien.

Quelle que soit la couleur du ciel, je pose mes pas
sur une terre de patience et j'avance.
J'inspire, j'expire, et je vais bien.

J'apprécie la fraîcheur des printemps timides
et prometteurs. J'inspire, j'expire, et je vais bien.

La protection du sage est la simplicité. M'en souvenant.
J'inspire, j'expire, et je vais bien.

Le plus beau cadeau que l'on puisse se faire
est de se rendre disponible au bonheur.
J'inspire, j'expire et je vais bien.

La prière est la lampe intérieure qui me révèle ma sagesse.
J'inspire, j'expire, et je vais bien.

Toutes les questions trouvent leurs réponses
dans la part connaissante de mon être.
J'inspire, j'expire, et je vais bien.

Le plus important est le temps qu'il fait en mon esprit,
je cesse les reproches et le mécontentement.
J'inspire, j'expire, et je vais bien.

Les idées noires n'ont pas plus de force que les nuages
qui passent et se transforment.
J'inspire, j'expire et je vais bien.

Le bonheur est dans un cœur en paix avec lui-même et avec
le monde entier, c'est pourquoi je cultive la simplicité.
J'inspire, j'expire, et je vais bien.

Les conflits, quels conflits ?

De toutes mes forces je souhaite la paix,
mais cela ne suffit pas !
On me l'a dit et je le crois, la paix
commence au fond de soi.

C'est comme cela.

Tous les jours en face de moi,
il y a ces autres qui m'observent, me jugent,
approuvent et désapprouvent.
Au monde j'appartiens.
Je n'y peux rien.

Mes supérieurs imposent,
mes proches réclament,
mes amis évaluent. Tous de moi
attendent quelque chose.
Comment les satisfaire ?
Si je ne suis pas d'accord,
si je refuse la soumission,
soudain je deviens l'étranger
et même l'ennemi à combattre.
Le nœud du conflit se resserre.

Et quand, croyant trouver la solution
dans le repli,
je me retranche dans l'imaginaire,
je rêve de paix,
d'amour et de partage.
Mais c'est seulement un rêve.

La vie sous toutes ses formes aime
à donner des ordres.

Qui parle de douceur ?
Où se trouve la tendresse ?
Je me sens opprimé.
Que me reste-t-il à donner ?

Les sages dans les livres enseignent l'indulgence,
la compassion et la patience : tu seras compris
à la mesure de ta compréhension.
J'accepte mais souvent j'ai du mal !

Sous la pression des objectifs
à atteindre et des enjeux
à gagner, mon dos se courbe dangereusement.
Combien de temps encore à pouvoir résister ?

Mais un trop-plein finit toujours par déborder.
Alors avant qu'une déferlante ne vienne saccager
mes plus profonds espoirs,
Je veux changer de cap et vais m'y employer.

J'en appelle au soleil qui brille
dans mon cœur, à la source jaillissante
de la vie qui jamais ne tarit.
Je rassemble les troupes
de mes forces humaines,
généreuses et bonnes, capables de pardonner.

Je chante au lieu de pleurer et je choisis
de danser au lieu de m'effondrer.
J'ouvre toutes les portes,
confiante en mon projet
de déclarer la paix aux guerres en sourdine.

En famille, au travail, en couple et entre amis,
je fais taire mes pensées de colère
et mes sentiments d'injustice.
Si l'on me parle mal, je ne prends pas
en moi les mots
des intentions qui ne me ressemblent pas.
Comme des oiseaux noirs,
je vois les conflits s'envoler
dans l'espace qui me ramène
la colombe de la paix.
De toutes mes forces, je l'ai souhaité
et mes forces
m'ont exaucé en m'offrant la sérénité.

Je crois en moi !

Qui pourrait bien douter de moi tant que j'y crois ?

La vie bat dans mon être, je sens la présence
de mon cœur, mon corps est bien vivant.
J'existe, je crois en moi !

Les projets courent dans ma tête, j'ai de belles aspirations,
j'avance avec la force de la confiance.
J'existe, je crois en moi !

Les doutes me sont utiles, je ne les rejette pas,
ils me font réfléchir, mais je ne tremble pas.
J'existe, je crois en moi !

Les erreurs sont les défaillances de la conscience.
Je cultive la vigilance et j'exerce la patience.
J'existe, je crois en moi !

Chacun en cette vie dispose d'une place unique
et d'un rôle à jouer : un nouvel ange sur une nouvelle Terre.
J'existe, je crois en moi !

Il est deux faces pour une médaille, et nous avons le choix.
Le mien est celui du succès.
J'existe et je crois en moi !

Je mène à bien mes projets

Au temps qui passe et dans lequel ma vie se place,
je veux prouver toute ma reconnaissance,
car c'est bien en ce temps que j'aspire au bonheur
et mets en œuvre mes projets.

Sans les heures qui défilent, sans les matins et sans les soirs,
je n'aurai pas la place de vivre mes idées.
C'est pourquoi j'apprends la patience et la persévérance,
je termine tout ce que j'entreprends.

Aider les autres à installer leurs rêves dans la réalité,
est un moyen de respecter le temps sans égoïsme
et sans intransigeance.
L'énergie de la réussite affectionne d'être partagée.
Les autres sont mes plus beaux projets.

Face aux obstacles et aux blocages, je prends le recul
nécessaire sans abandonner mon courage. Sur des bénéfices
communs je bâtis mes projets, et je n'entreprends rien
qui ne soit pas souhaitable.

Si je n'ai pas de signes correspondant à mes attentes,
je ne m'agite pas inutilement. Je sais qu'un jour viendra
le temps de l'accomplissement. En attendant, patiemment,
sans prétention et joyeusement, je mène à bien
tous mes projets.

Pour une vie créative !

Bienvenue à l'extraordinaire
pouvoir de la vie
que j'accueille et que je salue !

Dans la conscience d'avoir en moi
toutes les ressources nécessaires,
je me détends et laisse aller l'inspiration.

Chaque souffle porte la guidance dont j'ai besoin
pour développer ma créativité. Jamais inquiet et jamais
en attente, je reçois tout ce qu'il me faut au bon moment.
Je me détends et laisse aller l'inspiration.

Je suis un enfant de la vie, comme tous, j'ai une mission
particulière à accomplir. Dans la confiance et dans la
joie, j'écoute les voix du Ciel et de la Terre, et je me laisse
enseigner. Je me détends et laisse aller l'inspiration.

J'en ai fini d'être égaré par les exigences de l'ego.
Créer n'est pas affaire d'intelligence mais de sensibilité.
J'ouvre la porte de mon âme et dans l'humilité, je m'abreuve
à la source de toutes les beautés à créer. Je me détends
et laisse aller l'inspiration.

Le flot de l'abondance n'aspire qu'à se déverser.
J'ouvre les vannes du succès par ma seule intention
de le partager, sans vouloir me l'approprier. Mes pensées
créent le monde, ma parole le met en mouvement.
Je me détends et laisse aller l'inspiration.

La vie apprécie que l'on soit attentif à elle et qu'on la remercie. J'oublie les faiblesses de mon être ordinaire pour ne privilégier que cette pure et lumineuse nature qui, en moi, détient la capacité de créer. Je me détends et laisse aller l'inspiration.

Pour un plus grand discernement

Je salue l'énergie de la vie et je la reconnais en moi,
en tous les êtres et en tout ce qui est !

J'ai pris conscience qu'à l'origine des choses
subsiste la perfection.

Je sais aussi que tous les êtres autant que moi portons
en nous le germe du divin.

Au-delà de la réalité, pure nature sans taches,
s'impose la dimension de nos imperfections.

Le désir-attachement, l'avidité et la colère recouvrent
la lumière d'un masque destructeur.

Sous couvert de bonté, l'égoïsme utilise les moyens
séducteurs qui pourront le servir.

Entre deux vérités comment s'y retrouver ?
Si l'une est authentique, elle n'a rien à prouver.

Mais parce que l'autre est manipulation, je dois apprendre
à me méfier et démasquer le faux du vrai.

Mes cellules psychiques possèdent un sens subtil,
capable de déjouer les plus sombres projets.
Je dois me faire confiance.

Imperméable aux beaux discours, j'observe en profondeur
la résonance des mots. Qu'expriment-ils au fond de moi ?

Ceux qui se tiennent devant moi, entrent-ils en accord
avec mes intentions, sont-ils bons pour moi
et pour ce qui m'entoure ?

Sachant que toute personne à laquelle je me lie déposera l'empreinte de son influence dans le cours de mon existence,

J'écoute la voix de la sagesse, j'observe mon ressenti.

En apparence, l'éclat du verre peut être aussi brillant que celui d'un diamant. À cela je ne me fie pas.

Loin de me laisser fasciner, je prends le temps de vérifier à la lumière de ma conscience, si dans cette direction, je peux aller.

J'ai le courage d'être moi

Ni vraiment beau, ni vraiment bon,
J'accepte d'être simplement moi.
Ni toujours doux, ni toujours tendre,
Je connais mes faiblesses et j'y travaille.
J'ai des modèles, des références
Mais il est si dur de changer.
Autour de moi des volontés
Voudraient que je sois ceci ou cela
Mais je tiens à ma liberté
Et j'ai le courage d'être moi.

À mon rythme, sans m'affliger,
Je corrige mes plus gros défauts.
Chaque jour qui vient je m'y emploie,
Surveillant de près mes progrès.
J'apprends à sourire et à rire
Des petits bonheurs de la vie.
J'apprends à ne pas négliger
Le bien qui est fait à autrui.
Pour autant je refuse toute compromission,
Car j'ai le courage d'être moi.

Cet engagement, je l'ai scellé
Avec la vérité en laquelle je crois.
Ce qui n'a pas manqué de soulever
Bien des contestations d'autres parties en moi.
Et pour faire la place à la lumière,
Je chasse les ombres mensongères.
C'est souvent difficile et toujours bien pénible
De s'en tenir à ses résolutions.
Mais le prix de la délivrance
Est d'avoir le courage d'être soi.

Je sais qu'un jour mon rêve sera réalisé
Je serai une belle et bonne personne.
Les gens aimeront à m'avoir pour ami,
Ils n'auront jamais peur d'être trompés.
Mais avant d'en arriver là,
Je sais devoir m'employer à comprendre
Combien la vie peut être douce
Quand tous les masques sont tombés.
Alors sans me décourager, sans impatience, sans arrogance
J'ai juste le courage d'être moi.

Arrêter de juger

Il est de ces moments où il faut avoir le courage de se parler à soi-même sans trop se ménager, pour faire un point nécessaire si l'on veut avancer.

Qui suis-je, moi, pour juger comme je le fais si couramment ?
Où se trouve cette belle compassion que je vante si souvent en paroles,
et où est cet amour pour autrui que je me plais à tant vouloir aider ?

Il n'est pas une seule sensibilité, une seule intelligence qui ait accès
à la totalité de l'histoire de chacun. Nous portons tous
plus ou moins bien le drame de nos défaites.
Pour cela, mon cœur, je t'en prie, arrête de juger.

Quand je vois la colère ruiner les relations, je pense aux illusions
qui font naître l'envie, l'orgueil, la jalousie, et je ne suis pas exempt
de tels comportements. Alors j'arrête de juger.

Quand j'assiste impuissant à la furie du monde, quand l'injustice
s'acharne sur les plus faibles, je surveille mes pensées, prends garde
à mes actions, afin qu'elles ne deviennent jamais
le poids d'une oppression.
Et j'arrête de juger.

Mon intention est forte, mais inconstante ma tolérance,
j'ai tant à faire pour m'appliquer à ne plus condamner.
À chaque critique, je pose ma tête sous le couperet de la potence,
sans le savoir je déclenche le retour qui va me sanctionner.
Je dois arrêter de juger.

Voulant me préserver autant que tous les êtres, par compassion
envers moi-même et par amour pour tous, solennellement
et définitivement, je décrète haut et fort qu'à partir de maintenant...
J'arrête de juger !

Adieu, égoïsme

Les racines du monde sont celles de la souffrance,
je prie pour la libération des êtres.
Par mes pensées, mes paroles et mes actes
puissé-je être capable d'y contribuer.

Prier pour le bonheur de tous fait la joie de mon cœur.
Et d'en créer les causes, je veux m'y employer
par mes pensées, mes paroles et mes actes.
Puissé-je être capable de les en rapprocher.

Puisse le chagrin s'éloigner et les larmes se tarirent.
Puisse la paix pénétrer toute forme de vie.
Par mes pensées, mes paroles et mes actes
puissé-je réunir des mérites que j'offre à cet effet.

Puissent tous les êtres s'aimer et se garder en un seul cœur,
libres de l'égoïsme et du ressentiment.
Par mes pensées, mes paroles et mes actes
puissé-je être capable d'y demeurer moi-même.

GRATITUDE ENVERS CE QUI NOUS ENTOURE

Ode à la nature

Je rends grâce à l'univers sacré de la nature,
à sa force de vie qui renouvelle la nôtre.

Grâce à la Terre qui porte le poids du monde et qui nourrit les êtres.

Grâce au souffle du vent qui purifie le mien et recueille mes secrets.

Grâce à l'eau des torrents qui emporte mes peines quand je les lui confie.

Grâce au feu du soleil qui éclaire mon chemin et soutient mes efforts.

Je rends hommage à l'étendue des champs
qui étire mon regard entre monts et vallées.

Hommage aux profondeurs des océans et à la vie intime qu'elles abritent.

Hommage aux oiseaux dans le ciel qui me rappellent à la priorité des libertés.

Hommage aux arbres des forêts, à l'odeur de la mousse et des feuilles déposées.

Hommage aux pierres et aux rochers, refuges temporels où je vais méditer.

Je dis merci à la beauté des fleurs, à la sérénité des lacs,
à la douce présence des animaux.

Merci aux chemins qui accompagnent mes promenades
et à l'ombre des saules quand je fais une halte.

Merci aux perles de la pluie que la reconnaissance fait couler de mes yeux.

Merci aux voix du ciel grondant dans les orages
comme un rappel à plus de tempérance.

La nature est vivante, et sa paix est sacrée.

Gloire à elle !

À tous les animaux

Pour votre présence attachante et constante, votre fidélité,
votre patience envers et contre tout,
vous êtes l'exemple même de la compassion que nous nous
efforçons, non sans difficulté, de développer en nous.

Par le souffle de vie qui sans cesse vous anime,
vous êtes le message d'espoir pour ceux qui n'en ont plus.

Votre énergie bondissante, ronronnante et toujours affectueuse
est un élan de joie vers ceux qui l'ont perdue.

Par la capacité à vous relever de toutes les injustices humaines,
vous êtes la force qui permet de sortir des coups durs de la vie.

Parce que le courage ne vous quitte jamais,
vous choisissez de croire en nous malgré les apparences.

Par la puissance de guérison que votre seule présence engendre,
vous honorez la mission d'être porteurs du véritable amour.

Par la simplicité, la grâce et la beauté de votre tolérance,
vous êtes la paix qui répare les maltraitances des cœurs brisés.

Ô mes amis, mes frères animaux, dans vos yeux
je ne peux me lasser de contempler les qualités
qui font défaut à tant d'êtres humains.

À l'univers qui vous permet de nous aimer et nous aider,
je fais le serment de toujours vous choyer et vous protéger.

LES 24 HEURES DE LA PRIÈRE

L'impermanence est l'expression qui indique la transformation constante de tous les éléments soumis au passage du temps. Prendre conscience de chaque instant permet d'offrir aux événements la direction de notre choix.

▸ Je me réveille en conscience et me réjouis de ce nouveau jour qui commence. *Merci la vie !*

Prendre conscience de chaque instant permet d'offrir aux événements la direction de notre choix.

▸ L'eau qui ruisselle sur ma peau et les gestes que je fais pour me laver, purifient tant mon corps que mon esprit. *Merci la vie !*

▸ Le café chaud et le pain que j'absorbe, je les bénis tout en les consommant, pour faire de chaque bouchée une énergie bénéfique. *Merci la vie !*

▸ Reprenant mon travail où je l'avais laissé, je m'emploie de mon mieux à servir l'ensemble des activités humaines à l'humble mesure de ma tâche. *Merci la vie !*

▸ Une pause dans la matinée me donne l'occasion de respirer au lieu de bavarder inutilement. J'inspire - j'expire - je me détends, parfois je prie et je médite. *Merci la vie !*

▸ Des visites, de la correspondance, des papiers à remplir, des courses à faire et le repas à préparer, autant de gestes quotidiens que je remplis d'attention bienveillante. *Merci la vie !*

▶ Au déjeuner, je veille au calme des pensées. Porteuses d'émotions pas toujours faciles à digérer, je refuse toute nourriture empoisonnée. *Merci la vie!*

▶ Le bénéfice d'une courte sieste ou d'un moment de retrait revitalise mon corps et mon esprit. J'accompagne ce temps en lui donnant une part de moi qui soit utile aux autres. *Merci la vie!*

J'accueille tout ce qui vient à moi avec la souplesse du chat, la puissance du tigre et la douceur de l'agneau.

▶ De retour aux activités, je prends bien soin de ne rien entreprendre sans le soutien d'une belle motivation également bénéfique aux êtres. *Merci la vie!*

▶ J'accueille tout ce qui vient à moi avec la souplesse du chat, la puissance du tigre et la douceur de l'agneau. Les bonnes relations avec les gens et les choses dépendent de mes réactions. *Merci la vie!*

▶ Chaque fois que je le peux, je prends le temps de respirer profondément. Sur chaque souffle conscient, je pose en alternance la joie et la patience. *Merci la vie!*

▶ Rien ne se perd dans l'énergie. C'est pourquoi je retiens dans ma bouche les paroles nuisibles comme celles qui critiquent et condamnent. *Merci la vie!*

▶ Si le succès que j'espère n'est pas au rendez-vous de mes attentes, je ne m'en afflige pas. Ce qui compte avant tout est l'harmonie qui règne en ma conscience. *Merci la vie!*

▸ Au cours de la journée, je pense aux milliers d'êtres qui partagent cet instant sur la même planète. De mes pensées je fais un bouquet d'amitié que je leur offre fraternellement. *Merci la vie !*

▸ Si je le peux, je vais marcher d'un pas actif sans me presser. Sachant que chaque pied se pose sur la Terre de mon accomplissement, je fais le vœu d'exercer la bonté. *Merci la vie !*

Prendre conscience de l'impermanence est le moyen de dissiper toute anxiété.

▸ De mes amis je ne cherche aucun profit et ne les apprécie ni pour leurs titres ni pour leurs avantages. La seule valeur qui nous réunit est celle de nos cœurs. *Merci la vie !*

▸ À l'horizon de la journée, les ors du ciel se font doublure du manteau de la nuit. Prendre conscience de l'impermanence est le moyen de dissiper toute anxiété. *Merci la vie !*

▸ Qui a la chance, tout comme moi, d'avoir un toit au-dessus de la tête et connaît la douceur de la tendresse, n'a jamais un soupir de mécontentement. *Merci la vie !*

▸ Le temps s'étire vers son achèvement quand les lumières du soir allument les étoiles. J'invite la soirée à la table du partage des mérites rassemblés au cours de la journée. *Merci la vie !*

▸ De retour du passé, le temps de la veillée est celui qui se donne à lire et à penser. Ce qui serait désuet et indigne du progrès, serait de le négliger. *Merci la vie !*

▸ L'activité du jour ne sait imaginer l'effervescence de la nuit. En endormant le corps, on réveille l'esprit à la faveur d'autres expériences. Tel est le vécu le jour, tel sera celui de la nuit. *Merci la vie !*

▸ Sur le lac de mon esprit, je laisse doucement glisser la barque de mon corps qui, d'une rive à l'autre, passe au travers des rêves. Dans la conscience des profondeurs, je vais vers d'autres êtres et d'autres paysages. *Merci la vie !*

Quand l'esprit reste en un point concentré, vient à se révéler l'espace où ce qui est échappe au sens commun des choses.

▸ N'ayant pour éclairage que l'éclat de mon âme et pour seule guidance l'ouverture de mon cœur, je prie pour voir dans chaque instant heureux ou malheureux qui passe une lumière d'amour répandue sur la Terre. *Merci la vie !*

▸ Quand l'esprit reste en un point concentré, vient à se révéler l'espace où ce qui est échappe au sens commun des choses. En cet espace je suis, en cet espace nous sommes. *Merci la vie !*

PRIÈRES
POUR S'APAISER

À CHAQUE TOURMENT SA PRIÈRE

Prière pour guérir

Je crois en l'infini pouvoir bénéfique de la vie.
Je sais que ce pouvoir s'écoule à chaque instant en moi,
Je vois une lumière pure, d'une blancheur inouïe.
Je sens la force, le calme et le bonheur remplir mon être.

Les vibrations de la santé inondent mon corps.
Je pense et je respire la vie.

(3 respirations concentrées et profondes.)

Elles s'infiltrent partout dans mes tissus, mes os, mon sang.
Je pense et je respire mon corps à l'œuvre.

(3 respirations concentrées et profondes.)

Mes nerfs se détendent sous l'effet d'une joie indicible.
Je pense et je respire la joie.

(3 respirations concentrées et profondes.)

Mes organes communiquent une intention de guérison.
Je pense et je respire la guérison.

(3 respirations concentrées et profondes.)

J'assiste consciemment au départ de la maladie.
Je pense et je respire la délivrance.

(3 respirations concentrées et profondes.)

Je crois en la très subtile intelligence de la vie.
Je sais que son pouvoir est au service de mon bien.
Je vois les causes de ma souffrance disparaître à chaque souffle.
Je sens une vitalité nouvelle me nourrir et me libérer.

(3 respirations concentrées et profondes.)

Dans mon cœur je vais chercher l'amour dont j'ai besoin.
Je pense et je respire l'amour.

(3 respirations concentrées et profondes.)

Dans mon esprit je trouve la paix qui s'installe en mon être.
Je pense et je respire la paix.

(3 respirations concentrées et profondes.)

Mon âme porte un message de sagesse et de compassion.
Je pense et je respire cette sagesse et cette compassion.

(3 respirations concentrées et profondes.)

Mon corps entend et comprend très clairement ce message.
Je pense et je respire le nouvel être que je suis.

(3 respirations concentrées et profondes.)

En l'ordre suprême qui régit toute expression de vie.
Je bénis mon rétablissement.
En la profondeur de mon être, je suis déjà guéri.
Je prie, je rends grâce, je loue et je remercie.
Désormais, tout est accompli !

À la suite de cette prière, il est bon de demeurer dans la contemplation de la lumière blanche étincelante à l'œuvre de nettoyage et de régénération dans tout l'espace corporel. Rien d'autre à penser que se plonger dans cette vision autant de temps que l'on puisse la maintenir sans se lasser et sans rien forcer. C'est une pratique que l'on peut aussi utiliser pour quelqu'un d'autre que soi.

Contre l'anxiété

Ô vérité, ne me laisse pas te tromper, quand à chaque occasion qui passe, j'hésite à me montrer sans fards et sans apprêts.

Ô liberté, ne te laisse pas emprisonner, quand devant les autres je présente la face qu'ils attendent sans égard pour la mienne.

Parce que je ne suis pas cette bienveillance inscrite dans mon sourire, je veux d'abord apprendre à accepter.

Parce que je ne suis pas la joie que mes rires affichent, je veux d'abord apprendre à apprécier.

Parce que je n'ai pas cette force que l'on admire, je veux d'abord apprendre à la trouver.

Parce que loin de mon cœur se trouve l'humilité, je veux d'abord apprendre la simplicité.

Au fond de moi, derrière les apparences, j'entends la voix de ma réalité. Brûle la peau de carton des mensonges, pleurent les couleurs des maquillages trompeurs.
Prenant la confiance pour alliée sans hésiter, je laisse tomber les masques.

À mon esprit qui sait bien qui je suis, j'engage la promesse d'accepter ma réalité telle qu'elle est, pour l'améliorer et la conduire vers son bonheur d'exister en toute intégrité.

J'apprivoise ma tristesse

La nature est si belle et le temps est si clair,
rien cependant ne m'empêche de penser aux douloureux
orages et à la sombre pluie...

Du plus loin qu'il m'en souvienne, j'aime contempler
le visage inspiré des statues religieuses. Mais sur les joues
de marbre et les sourires figés, j'y vois toujours couler
des larmes...

Tristesse ô ma tristesse,
que ne cesses-tu de t'accrocher à moi !

Écartant doucement le voile de tes pleurs : je veux ce soir
me rapprocher de toi. Parler à ce chagrin qui tourmente
mon cœur et lui donner des ailes.

D'autres que moi, c'est sûr, souffrent bien davantage.
Peut-être ont-ils la « chance » d'en connaître la cause ?
Quand je pense à cela, je ne peux m'empêcher de souhaiter :
et si nous devenions amis ?

Et si nous devenions amis, qu'en dis-tu, ma tristesse ?

Je veux maintenant tout connaître de toi, aller en
profondeur dans tes entrailles et dévoiler ta face cachée.
Je vais t'apprendre à devenir l'envers de ta médaille.

Tu collais à ma peau, tu vas quitter mon âme, te voici
devenue guide d'inspiration. Ton talent inouï à présenter les
choses met un éclat de joie dans mes peines les plus sombres.

Tristesse, ma belle, combien j'aime voir ton sourire !

Sans chercher à nous séparer, nous avons rassemblé nos forces. La tienne dans la douleur, la mienne dans l'empathie. J'ai accepté de te comprendre sachant que tu n'étais pas moi.

Au soir d'hier succède le matin. Changer n'est pas changer, seulement transformer. Renaître de soi-même est bien l'inespéré qui entre dans ma vie comme une aube nouvelle.

La souffrance devient délivrance quand le torrent accepte de devenir un lac.

Se réconcilier avec ses parents

Mes parents d'aujourd'hui ne sont pas un hasard
mais la première nécessité de mon accomplissement.
Et puisque je leur dois la vie, je les bénis.

Qui peut savoir comment se sont tissés les liens
serrés à nous étouffer ou lâches à nous abandonner ?
Je préfère me libérer en acceptant de pardonner.

Dans la distribution des rôles en cette vie,
j'accepte celui d'être un enfant sans jugement,
faisant les premiers pas de réconciliation.

Parce que la résistance dans le ressentiment
m'attache davantage à l'expérience de la souffrance,
j'éloigne mes colères, leur préférant la paix.

Aimer n'est pas tout accepter mais comprendre ;
combien il serait vain d'entretenir les mauvais sentiments
qui empoisonnent la vie de ceux qui les nourrissent.

Auprès de vous, parents, dans l'intimité de mon âme,
je veux reprendre ma liberté en vous offrant ma compassion.

Délivré des regrets, soulagé des attentes qui ne viendront jamais,
mon cœur est grand et vaste est mon esprit.
Dans un souffle nouveau, je vous dis simplement, merci !

Être accompagnant pendant un cancer

Non, je n'ai pas choisi cette maladie qui bouleverse ma vie.
Et si la peur m'envahit, je ne lutte pas contre elle,
je l'accueille et je la rassure.

À ceux qui, proches de moi, connaissent les tourments
de l'inquiétude rongeuse par une menace latente,
je veux les apaiser.

À la première séance de ces soins intensifs,
je me tiens maladroit, dépassé mais confiant
je vais faire face avec tranquillité.

D'un côté, l'arsenal de pompes et de tuyaux
libérant goutte à goutte le fluide réparateur.
Bienvenue au liquide soignant et guérisseur.

De l'autre, les visages de patients impatients
et ces mots dans la tête qui veulent se contredire.
Je ne céderai pas à l'angoisse.

C'est à vous mes cellules que je veux m'adresser,
pour vous dire ô combien vous avez mon soutien
solidaire en faveur d'une santé nouvelle.

J'accepte les aiguilles qui transpercent ma chair.
Je bénis l'eau précieuse qui coule dans mon corps
nettoyant le terrain, purifiant l'atmosphère.

Ces rendez-vous savamment programmés,
je les dois à ces hommes, à ces femmes engagés
au service du vivant, j'en suis reconnaissant.

Plutôt que m'épancher trop longtemps sur moi-même,
j'offre ma gratitude à ce monde en blanc
qui sait sauver la vie sans ménager la sienne.

Posé sur mon fauteuil d'espoir et de patience,
je reste bien présent à mon rétablissement,
en regardant le jour et en quittant la nuit.

J'accorde ma confiance à cette volonté
qui en moi veut guérir.
Je me donne les moyens de vivre en joie et en santé.
Mon corps et mon esprit unis,
nous sommes faits pour gagner !
Merci la vie !

Supporter l'attente

La vie me donne l'impression d'être une interminable file
d'attente et, quand arrive mon tour, trop peu de temps
pour m'en réjouir.

Avec la vague idée de ce que pourrait être le bonheur,
s'il venait, je vole comme une mouche
dans le sens qui me pousse...
Et j'attends.

Plus de joie, plus d'amis, plus d'amour, plus d'argent,
plus de paix, plus de temps...
J'attends.

Dans les villes et dans les campagnes, au fond
des océans comme au bord des cratères...
Tout le monde attend.

À chaque instant je meurs et je renais, à chaque souffle
je puise et je m'épuise...
Qu'est-ce que j'attends ?

Assis dans le fauteuil des conforts éphémères
Ou sur la dure chaise des conventions,
J'attends un commencement.

Jour après jour la file d'attente s'allonge et se remplit,
c'est aujourd'hui que je décide de quitter le rang.
Je n'attends plus, j'y suis !

À l'instant même tout est prêt, il n'y a rien à désirer.
Ni chemin, ni destin, ni futur, ni passé.
Ici, là et partout, tout y est !

Que vouloir faire de plus pour plus de bénéfices, quand on sait que l'Éveil ne pourra être atteint ? La vérité n'aime pas qu'on aille la chercher quand elle s'est déjà présentée.

L'accomplissement de tous biens et de tous bonheurs
se trouve inscrit en moi. J'arrête les courses inutiles
et les pertes de temps,
Je cesse de l'attendre, je le trouve !

La partie de moi que je vois est une partie de tout.
Je suis dans l'abondance et je suis le succès.
Je n'ai pas à attendre ce qui est.

Dès lors, je m'engage à ne plus en douter, la vie est une école
qui dresse à la patience, et quand je lâche prise...
Je trouve tout ce que j'attendais.

Pendant un chagrin d'amour...

Ce chagrin qui m'étouffe, je veux l'entourer de mes bras,
le rassurer, le cajoler, je veux maintenant le consoler.

À chaque instant, ton visage me hante. J'entends tes mots cruels
dire ne plus m'aimer et vouloir me quitter.

Je me revois perdu, souffrant, abandonné.

Je sens encore en moi comme un coup de poignard, le son meurtrier
de la porte qu'en partant, tu as si violemment claquée.

Mais aujourd'hui tout change, je veux arrêter de pleurer.

En marchant dans le vent pour oublier ma peine,
j'ai entendu la vie chanter à mon oreille.

Et sa mélodie fut si belle,
qu'il m'a semblé me réveiller d'un sommeil trop longtemps prolongé,

C'est là que j'ai réalisé le bonheur de la liberté.

Alors dans mon esprit, calmement je t'ai convoqué
pour une dernière fois te dire que je t'aimais.

Dans l'espace de mon être est venu le moment
où j'ai accepté de te laisser partir.

Au rendez-vous de la vie, nous nous étions croisés,
pour un bout de chemin nous nous sommes liés.

À présent sur une note aimante et lumineuse,
c'est d'un commun accord que nous nous séparons.

De tous les chagrins de mon existence,
j'ai fait de celui-ci une libération.

LES DÉPENDANCES

Il y a beaucoup de ressemblances entre la foi et la dépendance avec cependant une grande différence. Ce qui les met en concordance est la force supérieure à soi-même à laquelle on se voue. Mais si l'une rassure et apaise, finissant par libérer, l'autre éteint le courage et finalement rend esclave : il s'agit de la dépendance. Nous sommes tous sous la pression de nos émotions et si nous laissons bêtement faire, elles nous mènent par le bout du nez. En fait, nous sommes dépendants de nous-même, de là viennent nos souffrances. La prière nous libère dans le sens où l'on ne se replie plus sur son mal-être mais où on le laisse exposé à la lumière d'un état de conscience élevé au-dessus du problème.

La prière nous libère...

Les comportements compulsifs naissent insidieusement d'un argument mûri longuement dans l'esprit avant de rencontrer l'illusion de la délivrance qui va nous aliéner. Peu à peu, le doux gémissement de la souffrance devient le rugissement effroyable de la dépendance. À partir de là, on se tiendra les yeux clos et les lèvres serrées soumis à la terreur qui ne cesse de hurler.

La vie est généreuse et le prouve en faisant s'épanouir, dans les cœurs emmurés, les fleurs d'espoir d'un avenir meilleur. Mais il ne suffit pas d'y croire, il faut s'y employer.

Prière pour recevoir de l'aide

Devant la sagesse de toute éternité,
nous voici à vos pieds, moi et ma dépendance.

Compagne de mes heures les plus sombres,
elle m'a inspiré avant de m'étouffer. Sans elle maintenant,
je ne sais plus respirer.

À qui me vouer, qui voudra bien me délivrer ?
La réponse je l'entends, elle parle à mon cœur,
mais je n'ai pas la force de l'écouter.

Alors c'est à toi, invisible présence, que j'adresse ma prière.

Donne-moi les forces qui me manquent pour oser combattre
cette impression de ne plus vivre sans son accompagnement.

Redonne-moi le goût des joies simples, fais-moi entendre
le chant du vent qui balaie les tourments.

À moi qui ne sais plus m'aimer, qui me crois seul abandonné,
accorde-moi la présence de ton aide immédiate et puissante.

De ta sagesse compatissante je me laisse envelopper.

Je sens mes faiblesses traversées par ton énergie.

Une vie nouvelle peu à peu me remplit.

Mon corps se repose, je respire et je prie pendant
que mon esprit guérit.

Pour trouver le sens de ma vie

Froids et cruels sont les enjeux matérialistes
qui ne laissent pas de place à la délicatesse.
J'implore, je revendique, je fais des vœux et des requêtes.
Est-ce là le sens de ma vie ?

Qui autre que moi-même pourra me libérer
quand j'aurai gaspillé mes forces et vendu ma santé ?
J'implore, je revendique, je fais des vœux et des requêtes.
Que dois-je entendre et qui dois-je suivre ?

À la croisée des chemins toutes les directions s'affichent,
j'ai le choix de rester pressé ou de prendre le temps.
J'implore, je revendique, je fais des vœux et des requêtes.
Pour que me vienne la sagesse.

En moi, je trouve la clé qui ouvre toutes les portes
celles du service rendu dans le respect de mon humanité.
J'implore, je revendique, je fais des vœux et des requêtes.
Dans l'harmonie sans compromis.

Au carrefour de ma vie, souffle apaisé, je reprends mon élan.
J'apprends à faire confiance à la lumière en moi.
Je souris et je remercie, j'avance et je progresse.
Dans la reconnaissance, je prie.

LES **PRIÈRES** DE PASSAGE

PRIÈRES POUR LES ÂGES DE LA VIE

J'attends un heureux événement

De l'ombre ténébreuse des mondes invisibles,
une perle de pluie s'est glissée dans ma vie.
Unis dans le mystère de mon intimité,
Ciel et Terre en mon être ont préparé ton nid.

Au sein de l'univers que mon ventre fait tien,
j'offrirais à tes rêves les plus beaux paysages.

Je te porte en moi, amoureuse et heureuse,
comme celle qui détient le plus pur des secrets.

Quand tes yeux s'ouvriront à l'aube de ta vie,
je veux qu'ils voient l'amour briller comme un soleil.
Pour qu'ils gardent toujours la force de l'espoir
et la fraîcheur de l'âme qui d'un rien s'émerveille.

L'attente est généreuse lorsqu'elle fait fusionner
le cœur, le corps et l'âme en une même flamme.
À l'heure de l'attente, je prie ton devenir
d'accepter, renoncer aux limbes d'où tu viens,
sacrifier la mémoire d'un paradis perdu,
venir encore une fois jouer à te retrouver.

Mon enfant, mon amour, à toi cette prière
qui telle une promesse s'attache à l'engagement
de prendre soin de toi et toujours te chérir,
sachant t'accompagner, toujours te protéger.

La joie d'une naissance

Soudain dans le jardin des fleurs aquatiques
une onde d'abord timide commence son chemin.

À celui qui rêvait dans les plis du secret
la vie vient imposer son pouvoir d'exister.

Renversant l'ordre et le calme apparent,
une vague de fond te pousse vers le rivage.

C'est une clameur et c'est un chant
qui accompagnent ton voyage.

Et quand dans un sursaut le Ciel touche la Terre
c'est un enfant qui naît.

Tu es le miracle du monde, l'amour fait chair
à partir de mon sang, tu es mon enfant !

La nature a voulu qu'en tant que mère
je t'aime sans compter, plus que tout pour toujours.

Au plus profond de moi la vie est venue te chercher,
pour cette fois encore, mon enfant tu renais.

Le temps renverse sa mémoire posant un voile sur le passé
pour cette fois encore, l'oubli devient ton innocence.

Les vœux de bienvenue en cet instant affluent
pour cette fois encore, je marcherai à tes côtés.

Prière pour un adolescent

Si je vais bien, c'est avec joie que je dédie les forces vives
que je ressens en moi, la vie me pousse, je ne résiste pas !
Comprenez-moi, je suis un ado !

Si je suis en peine, je pense aux souffrances de ceux qui n'ont
rien pour se réconforter et je laisse la compassion s'installer.
Je fais ce que je peux, je suis un ado !

Si je n'obtiens pas ce que je désire, j'essaie de tendre la main
à ceux qui n'ont rien et je fais taire mes colères.
Vous tous, soyez indulgents, je suis un ado !

Si je suis malade, au lieu de m'en affliger, je me relie
à ceux qui souffrent et je supporte la difficulté.
En l'absolu, je remets mon fardeau, je suis un ado !

Si je n'ai pas l'amour, je ne pourrai pas grandir,
mon cœur aime cette pensée.
Quand j'aurai la foi qui déplace les montagnes, je saurai prier.
Quand je donnerai tout ce que j'ai à celui qui n'a rien, je saurai aider.
Mais si je n'ai pas l'amour, je n'ai rien à donner, je suis un ado !

Au monde, à la nature et à tous les êtres, j'adresse cette prière
en gage de promesse, et dans un cri souvent de joie et parfois
de détresse, je dis : « Entendez-moi, répondez-moi et aimez-moi,
je suis un ado ! »

Je vieillis en toute sérénité

Sur ces longues années passées,
le temps s'est écoulé imperceptiblement.
Au soir de ma vie, je pleure et je ris,
et je dis : merci !

Longtemps les rides naissant sur mon visage
m'ont inquiété et fait douter du plaisir d'exister.
Au soir de ma vie, je vois en elles les rayons du soleil,
et je dis : merci !

Pour la jeunesse qui n'a pas hésité
à me quitter plus tôt que je l'imaginais.
Au soir de ma vie, je me souviens des beautés rencontrées,
et je dis : merci !

À l'amour, seul élément resté intact en moi
à tous ceux que j'aime, que j'ai aimés, que j'aimerai.
Au soir de ma vie, mon cœur rend hommage,
et je dis : merci !

Je sais que je ne sais rien
mais ça je le sais

PRIÈRE POUR LA PAIX

Prier en temps de guerre

Les feux de la colère s'étendent sur la Terre, éteignant le Soleil,
brûlant les océans, mon âme, voici la guerre !

Les armées du pouvoir avancent en écrasant les faibles
et muselant les autres, mon cœur, voilà la guerre !

Du fil de l'égoïsme au fil de l'arrogance,
la toile s'est tissée autour de l'anarchie,
aveugles sont les hommes !

Une menace meurtrière s'est emparée du cœur
des gouvernants du monde,
l'amour sera tué !

Le sol tremble sous les coups qui le défoncent
et l'air devient puant dans le relent des bombes.
La haine est au premier rang des armées.

Mon âme ne reste pas sans réagir, mon cœur, réveille-toi
et sors de ta torpeur.
Ensemble, prions pour la paix.

Que les armes s'abaissent à l'approche de l'amour.
Que le bruit des canons s'étouffe dans le silence.
Que le soufre et la cendre se fassent poussières d'étoiles.

Pour que l'ennemi devienne mon ami, je pardonne et je prie.
Changeant de munitions, j'abandonne la peur au profit du courage.
À toi le monde, en ce partage, je te donne la paix
qu'envers et contre tout, je m'emploie chaque jour à cultiver.

APRÈS UN ATTENTAT

Indescriptibles sont les souffrances vécues par ceux qui se retrouvent projetés dans l'éclair fulgurant des armes meurtrières. La mort en cet instant pulvérise la vie de ceux qui partent comme de ceux qui restent. Les familles et les proches devront apprendre à vivre dans le vide béant de l'absence injustifiée.

La prière devient le baume qui soigne, le guide qui montre le chemin, la lumière qui rassure et l'amour qui transforme.

Compagne du désespoir, la prière foule les ruines de l'âme, rassemblant autour d'elle le peu d'espoir qu'elle puise en chacun. Au-delà du voile de la mort qu'elle seule peut franchir, la prière devient le baume qui soigne, le guide qui montre le chemin, la lumière qui rassure et l'amour qui transforme.

À vous parents, amis qui vous trouvez en ces tourments, tout comme à vous esprits des disparus, voici la plus belle preuve d'amour qui puisse être donnée: l'échange compassionnel de soi avec l'autre.

SOUTIEN
AUX
ICTIME
ET AUX
AMILLES
A NOS AMIS
DISPARUS
amour
LUMIERE
PRIONS
POUR
LA
PAIX
JJJ
JE SUIS
CHARLIE
PARIS
UXELLES
STANBUL
ANDO
ICE

À toi qui es parti

Grandeur de toute vie,
il a plu à l'énergie originelle de soustraire
nos enfants à l'existence présente.
Sachant combien le sens profond
des choses ne m'est qu'en faible partie révélé,
je veux être capable d'accepter ce qui est,
sans pour autant le comprendre.

Puisse la force de ma prière atteindre l'âme et le cœur
de nos bien-aimés, puisse-t-elle les délivrer.

Puissent-ils abandonner le champ
des batailles humaines en élevant
leur condition bien au-delà des vibrations
de colère et de haine.

Je sais que vouloir continuer de prouver à nos enfants chéris
l'immense amour que nous leur portons,
c'est aussi et surtout commencer par
nous débarrasser nous-même des peurs
et des ressentiments.

Puissé-je un jour atteindre cette sagesse
qui permet de tout pardonner sans jamais oublier.
Oui, pardonner la folie, le mal qu'ils nous
ont fait, car la haine en nos cœurs s'ajouterait à la leur,
et nous serions leurs prisonniers.

Ensemble, déposons notre indescriptible chagrin
dans le giron
de notre mère la Terre pour que le torrent
de nos larmes vienne y creuser un lac d'apaisement.
Chaque jour sur les berges d'une tranquillité retrouvée,
nous chanterons les mots d'amour qui tracent un pont
depuis là où nous sommes jusque-là où vous êtes.

Intelligence suprême, puissante sagesse des esprits élevés,
puissent ces paroles franchir le mur aveugle
et sourd de l'humanité.
Puisse l'authenticité de ma prière venir s'ajouter
au rayonnement d'amour pur et de paix profonde
qui soulage les douleurs
et rend la joie au cœur.

LA MORT EN PRIÈRES

Les mystères de la mort ont de tout temps interpellé les vivants. Chaque tradition spirituelle possède un ensemble de rituels relié à sa culture et à son époque. L'Égypte antique et le Tibet accordaient une importance fondamentale à l'accompagnement des mourants depuis le seuil de la mort jusqu'aux premières étapes du voyage.

Chaque tradition spirituelle possède un ensemble de rituels relié à sa culture et à son époque.

C'est ainsi qu'au chevet d'une personne proche de franchir le seuil de la grande transition, les instructions suivantes pourront être données par une autre personne spécialement engagée à ce service spirituel, dans la plus grande tranquillité et l'amour de l'accompagnant.

Méditation guidée au moment de la mort

Dans l'espace invisible et présent, le temps s'étire à l'infini,
ne crains rien, nous sommes ensemble.

Chacun de tes souffles inspirés – expirés rend ton être léger.

Ton cœur et ton esprit s'apaisent et ton corps se détend.

Une bienheureuse transformation s'accomplit sans effort,
laisse ton souffle aller et venir dans la confiance
de cet instant.

Ne crains rien, je suis près de toi.

Porte ton attention au sommet de ta tête et contemple
le rayonnement de l'espace dans sa luminosité
transparente…

Peu à peu, un nouveau monde s'ouvre à toi, délaissant
les images du passé qui s'épuisent d'elles-mêmes.

Laisse-toi tranquillement découvrir ce qui vient.

La lumière au-dessus de ta tête se répand alentour
emplissant chaque parcelle, chaque atome de temps.

Des chants mélodieux s'élèvent, vibrant des cinq feux
cosmiques, de diamant, d'or, de rubis, d'émeraude
et de saphir, qui lentement pénètrent les fibres
subtiles de ton corps.

Tu t'endors alors que ton esprit s'éveille.

Ne crains plus rien et laisse faire.

De cette vie qui s'achève, émergent encore des souvenirs.
Contemple ceux qui t'ont rendu heureux. Souviens-toi

de ton plus bel amour et de tous êtres qui ont rempli ton cœur de bonheur, ils viendront te rejoindre lorsque le temps sera venu pour eux. Si tu les aimes vraiment, tu acceptes maintenant sans crainte et sans regrets cette séparation momentanée, l'amour authentique ne se perd jamais. Si tu sais passer au-delà des peurs et du chagrin, de là où tu vas, tu les protégeras.

Maintenant, concentre ton attention sur l'Amour Universel, vois-le comme un fluide de pureté absolue qui entoure tout ce qui est.

C'est un jaillissement de force bienveillante qui traverse l'espace sans forme et sans substance pour venir jusqu'à toi.

Appelle de tout ton cœur ce fluide d'amour inconditionnel, et avec dévotion, humilité et totale confiance, aspire à le recevoir.

Vient le moment de la dissolution des constituants de ton corps physique, tu es prêt à participer en toute conscience, en toute sérénité. Ne crains rien, tu vas vers le meilleur.

À l'unique Sagesse, au principe éternel, à Dieu ou à Bouddha, adresse-toi en disant en même temps que moi :

Mon corps me quitte, il fallait bien que cela un jour se produise.

Toi que je devine dans la clarté de l'infini, je t'en prie, guide-moi.

Ta puissance n'a d'égale, aide-moi pour que j'abandonne sans regrets l'attachement à cette existence.

Ouvre mon cœur à ta grandeur pour que j'y retrouve ma place. Et puisse sans trembler m'y réfugier.

(Respecter un instant de silence.)

Et maintenant, suis bien attentivement
ce qui se passe en toi :

Lorsque l'élément de la Terre en correspondance avec ta chair et tes os s'absorbe dans les courants d'eau de ton corps, le mirage des apparences te présente un paysage illusoire, ne t'y attarde pas.

Ta bouche devient semblable au fond d'une mare asséchée, tes membres se font lourds, difficiles à bouger.

N'y prête pas attention, pense à la présence suprême qui te soutient et te protège.

Lorsque l'élément de l'Eau en correspondance avec ton sang et tes liquides vitaux s'absorbe dans les souffles du Feu de ton corps, l'apparence d'une fumée s'élève telle un brouillard semant la confusion. Ne crains rien et laisse-toi guider.

Ta langue s'épaissit, tu n'as plus envie de parler, le rythme de ton cœur se ralentit. Détends-toi, je suis là.

Le regard de la lumière divine enveloppe ton être, aie confiance, tu es accompagné.

Lorsque l'élément du Feu en correspondance avec ton métabolisme s'estompe dans les airs de ton corps, l'apparence de points brillants semblables à des signaux de morse clignote devant toi. Ne te laisse pas impressionner.

La chaleur de ton corps diminue et ta vision extérieure se voile.

Abandonne-toi dans les bras des « anges »
qui viennent te chercher.

Lorsque l'élément de l'Air en correspondance
avec tes systèmes respiratoire et circulatoire se fond
dans l'Espace de la conscience,
l'apparence d'une mèche de bougie se met à grésiller
et finit par s'éteindre.

Ton corps veut se raidir et ton souffle se tait.
C'est le moment de laisser la paix défaire les liens
des souffrances passées.

Plus que jamais, reste conscient de la présence divine qui
t'assiste et laisse-la te conduire dans la sphère du repos.

Par l'ouverture sacrée des fontanelles au sommet
de ton crâne, la pure lumière du corps divin prend la place
de ton corps ancien. Tel un nectar de purification,
le flux sacré s'écoule dans ton canal central
le long de ta colonne vertébrale.

Il te semble soudain voyager porté par ton éclat
qui ouvre son chemin.

Au loin retentissent les cornes qui dissipent les brumes,
c'est la parole de l'univers qui dicte la loi du bien.

Puissent les mérites rassemblés au cours de ta vie passés
par les accomplissements d'actes vertueux, même minimes,
te permettre de te reconnaître dans le jaillissement fulgurant
de ta Claire Lumière.

(Respectez un instant de silence.)

Les portes de la mort s'ouvrent sous la pression
de la lumière blanche descendue depuis le sommet
de ta tête et sa rencontre avec la lumière rouge montée
du centre de ton ventre jusqu'au cœur de ton cœur.
L'union sacrée vient s'accomplir entre ta nature matérielle
et ta nature spirituelle. De cette union naît un autre
toi-même, prêt à se révéler dans la splendeur de son unité.

Ne laisse pas ta conscience vaciller, garde ton esprit clair
et encore plus présent.

Et faisant ton entrée dans les états intermédiaires
de l'après-vie, ne laisse pas passer celui de la Claire Lumière
qui se présente à toi comme le reflet de ton Éveil.

En cet ultime instant, choisis l'Amour Universel
comme unique partenaire, jusqu'à te laisser absorber
dans ton âme de Sagesse.

Dès lors, depuis le monde de l'esprit, puisses-tu toujours agir
par la forme et sans forme, à la libération de tous les êtres.

Ces instructions données au mourant doivent être prononcées doucement et tranquillement plusieurs fois de suite jusqu'à l'aboutissement. Ensuite, c'est le dernier paragraphe qu'il conviendra de dire et de redire en chuchotant ou en pensée très concentrée, très sincère et très calme, pour aider la conscience désincarnée à ne pas s'égarer. L'Amour Universel est la lumière du monde et celle de l'au-delà du monde.

L'Amour Universel est la lumière du monde et celle de l'au-delà du monde.

Pour toi qui t'en vas...

Puissance Divine (citer le nom d'attribution),
je sais l'illusion de la mort qui n'est que continuité de la vie.

Malgré cela, mon esprit tremble, mon cœur s'effondre,
et ma foi s'affaiblit.

La peur essaie de me rallier à son emprise, mais par amour
pour (citer le nom de la personne), je me ressaisis.

Il/Elle (citer son nom) est en train de franchir le cap
de la métamorphose.

Les vents de son karma lui rappellent son passé
lui montrant l'avenir.

Puissance Divine, protégez (citer son nom),
ne le laissez pas s'égarer.

Au nom de l'amour qui apaise tous les bouleversements,
aidez-le !

Bons esprits, bodhisattvas et tous les anges gardiens
des âmes de ce monde.

Protecteurs du bien mourir, venez en ce lieu et bénissez
(citer son nom) qui s'en va.

Aidez-le à se dépouiller sans regret
de son enveloppe terrestre.

Insufflez-lui le courage et la paix dont son cœur a besoin.

Je prie pour que (citer son nom) s'éveille sur une route
de lumière accompagné par les légions d'êtres mourants
au même instant.

Je prie pour que (citer son nom) saisisse la main tendue vers lui (elle) par un guide parfait et qu'il ne la lâche plus.

Puissance Divine, puisse ton regard céleste embraser les actes vertueux accomplis par (citer son nom) en cette vie.

Puissent les souffrances qui l'ont éprouvé(e) être comptées comme délivrance.

Et qu'en l'infinité de ton amour, ses erreurs et ses fautes soient absorbées.

Remettant cette prière à la Sagesse suprême, je rassemble en mon cœur tout ce qu'il comporte d'amour et de paix, pour qu'en une seule et même énergie, l'esprit de (citer son nom) s'élève dans la lumière de sa nouvelle vie.

L'ultime soupir de la mort fait s'envoler l'âme-papillon vers d'autres horizons.

Toute personne qui se tient au chevet d'un mourant doit respecter le grand acte qui s'accomplit. Votre calme, voire votre bonheur d'être en sa présence, doit prévaloir sur vos inquiétudes et sur votre chagrin. Assurez-vous que vous n'offrez pas à celui ou celle qui s'en va un état émotionnel affligeant qui, même dissimulé, le perturberait. C'est une mission bien difficile que celle d'accompagner un être cher quittant son ancienne vie vers sa nouvelle demeure. Mais c'est la vôtre, vous qui l'aimez.

Quand un animal nous quitte

Mon cœur, ma beauté, toi, la tendresse de ma vie,
ce jour pour moi est sans lumière,
les rires se sont figés et les jeux ont cessé.
Tu viens de me quitter.

Quels sont les mots assez purs et assez puissants
pour te dire à quel point je t'aime.
Toi qui tant de fois as su me consoler.
En moi, le vide s'est creusé.

De mes larmes je ferai un subtil nectar
pour que dans ton voyage, tu puisses t'y abreuver.
Les morceaux de mon cœur éclaté
suivront tes pas jusqu'aux étoiles.

Ta vie auprès de moi avait fini sa route.
Nous nous sommes donné protection et bonheur.
On se retrouvera ailleurs en d'autres temps,
sur nos chemins d'évolution.

Sans jamais t'oublier, je reprendrai ma route
et quand la joie de nouveau sera là,
j'aurai enfin le meilleur à t'offrir
comme preuve de mon amour indéfectible.

PRIER POUR LES ESPRITS ERRANTS

Mon chagrin sans limites ne connaît plus de larmes mais je sais que pour eux, je dois m'en décharger.

Lointains et pourtant proches, nous ne sommes plus tout à fait du même monde, l'invisible barrière de la séparation se dresse entre les vivants et les morts. Mon chagrin sans limites ne connaît plus de larmes mais je sais que pour eux, je dois m'en décharger. Dans le couloir où la vie s'est figée, certaines âmes demeurent prisonnières. J'ai le droit de pleurer, je choisis de prier.

Les mondes invisibles

Au royaume de mon Père, il y a de nombreuses demeures.

Tel un père suprême, le point originel s'expanse en un cercle sans début, sans limites et sans fin, sous la désignation de l'Univers. Au fil du temps, la science découvre de nouvelles étoiles et réfléchit aux possibilités de mondes inconnus où d'autres formes de vie pourraient bien exister. En cours de développement, l'humanité avance lentement et difficilement dans les ornières de ses capacités, entravée par l'étroitesse des certitudes qui lui bouchent la vue.

De nombreuses vies et de nombreuses demeures... L'univers, comme on le pense ordinairement, se limite au ciel et aux planètes. Il est pourtant des mondes invisibles au regard des mortels où se retrouvent les âmes des défunts. La mort est un état d'ultime transformation, une étape à chaque fois nécessaire au processus d'évolution, mais elle n'est pas une fin. La prière devient essentielle quand elle répond à l'appel désespéré de la souffrance indicible de certains désincarnés. Pour ceux qui n'ont pas reconnu le devoir de progression vers le bien, qui ont causé des ravages dans la famille humaine, outrepassé les lois de la vie comme de la supprimer, il est une manière intime de mourir en d'inimaginables souffrances. De ces vies hors la vie s'échappe le gémissement d'une supplication réclamant aux vivants la seule aide qu'ils puissent leur donner : la prière.

Offrons la preuve que nous savons aimer et employons-nous à prier.

Cessons de croire qu'il n'y a plus rien à faire et cessons de pleurer. Offrons la preuve que nous savons aimer et employons-nous à prier.

… pour la souffrance des suicidés et des âmes suppliciées

Pour ceux qui n'ont pas eu la force d'affronter les défis de leur existence, ceux qui n'ont pas pu voir dans les conditions de souffrance la possibilité de réparer et d'évoluer, j'ouvre mon cœur à la prière qui accueille leur désespérance.

Conscience suprême, intelligence infinie, germe de toutes choses, Maître de l'univers et de tout ce qui est, il n'est pas un seul être qui échappe à ton entendement.

Esprits gardiens, anges protecteurs, dont la mission en l'au-delà est d'aider et de soulager, j'en appelle à votre bonté.

Voyez ces ombres souterraines noyées dans le brouillard des peines et de la confusion, entendez ces cris perdus dans le vacarme de l'incessant remords.

Dans ces lieux sans issue, j'en appelle à votre présence. Puisse la lumière de l'infinie bonté faire jaillir l'espoir d'un proche soulagement.

Nobles esprits, vous avez fait le vœu de soutenir les âmes perdues et de venir les guider.

Par la puissance de l'engagement d'amour que vous perpétrez, ouvrez leurs cœurs à la nécessité du repentir et leur esprit meurtri au désir de s'améliorer.

Dans les sous-mondes règne la menace constante d'une progression de la souffrance, j'en appelle à votre intervention bienveillante pour leur insuffler le courage de résister à la nuisance de leurs penchants.

Âme Universelle, je te confie mon souhait d'apaisement pour l'âme des souffrants qui vivent dans le drame d'un monde créé par leurs errances. Pour preuve de mon engagement à contribuer à les aider, j'offre le meilleur de moi-même en formulant la prière de l'Amour inconditionnel.

LES AFFIRMATIONS SPIRITUELLES :

QUAND UNE SIMPLE PHRASE DEVIENT UNE PRIÈRE

Votre parole est l'instrument de votre pensée. Prononcées à voix haute, les prières émettent un taux vibratoire correspondant à votre état d'être profond. Chaque mot prend d'abord vie dans votre esprit. Les tirades dites sans intention et sans ferveur sont comme les ailes des moulins qui ne battent que du vent. Aucun résultat n'interviendra. La prière est la parole de l'âme, elle vibre de toute l'intensité du cœur qui la porte en lui et la tourne vers les autres.

La prière est la parole de l'âme, elle vibre de toute l'intensité du cœur qui la porte en lui et la tourne vers les autres.

Mais un état d'esprit ne se change pas juste au moment où l'on décide de prier. Pour que la requête soit « entendue », pour qu'elle entre en résonance avec les forces qui peuvent se charger de la mener vers son aboutissement positif, il faut se tenir prêt à chaque instant.

VOTRE PAROLE EST UNE BAGUETTE MAGIQUE

Dans la vie quotidienne, nous devons veiller à ce que nos paroles soient la représentation de ce que nous sollicitons quand nous prions. Être prêt, c'est tenir ses pensées au même niveau que ses intentions profondes. Un mental en fouillis et la contradiction des sentiments viennent tout gâcher quand il s'agit de prier. L'utilisation des affirmations spirituelles est d'un très grand soutien, un rappel qui vient sonner la cloche du réajustement quand on se laisse glisser sur la pente des bavardages critiques ou des

Dans la vie quotidienne, nous devons veiller à ce que nos paroles soient la représentation de ce que nous sollicitons quand nous prions.

découragements. Voici quelques brèves affirmations qui agissent comme les anges gardiens de votre bonne parole.

BIEN PRATIQUER LES AFFIRMATIONS

La première fois que vous prononcez une affirmation nouvelle, il vous faut prendre le temps de l'inscrire dans votre subconscient qui se chargera de l'enregistrer pour ne plus la perdre. Ensuite, chaque fois que vous la reprendrez, vous la chargerez d'un potentiel supplémentaire de réalisation que votre assiduité bienveillante saura mener à son accomplissement.

Avant de commencer, effectuez toujours cinq respirations profondes pour installer le calme des pensées et vous séparer de l'agitation du monde.

Avant de commencer, effectuez toujours cinq respirations profondes pour installer le calme des pensées et vous séparer de l'agitation du monde. Vous avez préalablement choisi l'affirmation correspondant à votre besoin, lisez-la de manière à bien vous en imprégner et répétez-la sur les trois tons, trois fois de suite à chaque ton: voix haute - voix médiane - voix basse, puis continuez en chuchotant de plus en plus lentement jusqu'à amener votre affirmation à devenir votre souffle. Ensuite, sans vous arrêter, prononcez l'affirmation mentalement jusqu'à l'intégrer dans le calme profond de votre conscience absorbée dans sa concentration.

Une sensation d'apaisement et de bien-être vous enveloppera : laissez faire, il n'y a rien à ajouter. Restez ainsi le temps qu'il vous convient sans laisser pénétrer le moindre doute ou la moindre influence de pensée. Demeurez en silence.

Après cette première prise de contact avec une affirmation, vous pourrez l'utiliser autant de fois qu'il vous plaira et en n'importe quelle circonstance, à condition de ne pas la répéter comme un perroquet.

QUELQUES AFFIRMATIONS SPIRITUELLES POUR VOUS AIDER

Faites le choix d'une phrase que vous vous plairez à répéter en toute conscience au cours de la journée, en portant votre attention au centre de votre front, un peu au-dessus de la ligne de vos sourcils. Ainsi vous entrez en contact avec une zone de rayonnement énergétique favorable à l'intégration de vos affirmations.

Faites le choix d'une phrase que vous vous plairez à répéter en toute conscience au cours de la journée, en portant votre attention au centre de votre front, un peu au-dessus de la ligne de vos sourcils.

- La paix est dans mon cœur, mes pensées la préservent et mes actes l'approuvent.

- J'ai conscience de la force qui est en moi, je me sais soutenu par la puissance d'amour que mon cœur éprouve à l'instant pour la vie et les êtres.

- Place à la joie en moi qui libère mon esprit et rayonne en ma vie.

- Je prends conscience de la force vitale qui nourrit mes cellules à partir des pensées qui portent en moi à chaque instant le message de la guérison.

- Dans les aliments et les médicaments que je prends, je reconnais le potentiel de guérison. J'accepte ce qui se présente comme étant la solution parfaite et je me détends.

- Les médecins qui me soignent et toutes les aides autour de moi, je les vois comme des anges à l'œuvre de réparation. Je m'abandonne à la confiance, et mon cœur est heureux.

- Je suis l'instrument que la vie a choisi pour délivrer ma note personnelle. Je pense la paix, je respire le calme, je vois le bon côté des choses et j'aime sans conditions.

- Le monde est douleur, mais j'aime le monde. Je fais bien des erreurs mais j'apprécie mes qualités. Je veux regarder du bon côté des choses, j'apprends à m'aimer.

- Au sommet de ma tête est la lumière divine, je respire cette lumière qui me bénit...

Respiration

Au centre de mon front est toute ma connaissance,
j'accueille mon inspiration...

Réceptivité

Au milieu de ma gorge est le secret de ma parole,
j'écoute les mots que délivre mon âme...

Silence

Dans le cœur de mon cœur est mon pouvoir de vie,
je donne l'amour autant que je l'accepte...

Offrande

Au centre de mon corps irradie le soleil, ses rayons tracent
les chemins de ma vitalité...

Régénération

Entre le ventre et les reins, l'énergie s'équilibre,
se recharge et s'harmonise paisiblement...

Répartition

Le bas de mon corps reçoit de la lumière du haut,
je respire librement. Au centre, j'accueille la sagesse, j'écoute
la guidance, j'offre tous mes trésors et j'accepte
le meilleur, je revis et je remercie.

Gratitude

Dans la maison de mon corps habite la santé équilibrée
Dans le royaume de mon cœur règne l'amour heureux
Dans le temple de mon esprit rayonne la paix totale
Je rends grâce à la vie et fais des souhaits
pour qu'en chaque être, il en soit ainsi.

Pour un croyant

Dieu est en moi, je suis en Dieu.
En l'Unité, j'inspire, j'expire, je suis en vie.

Pour un bouddhiste

J'inspire la compassion, j'expire la sagesse.
En toi, Bouddha, je reconnais mon maître.

Pour un chrétien

Quand les difficultés m'assaillent, je pense à la croix que tu as portée sans faiblir. Ton exemple divin m'aide à les supporter. Merci, Jésus, de ne jamais me quitter.

Pour tous

Mon esprit est un ciel sans nuages, mon cœur est un astre tantôt solaire tantôt lunaire mais toujours rayonnant, les cellules de mon corps sont des étoiles vibrantes du pouvoir vital. Je suis un univers où il fait bon respirer, accueillir ce qui vient et aimer sans compter.

L'Esprit Divin glisse dans mon souffle, coule dans mes veines et remplit mes cellules d'énergie de santé.

L'Esprit Divin élève ma conscience, purifie mon passé et ouvre mon esprit à sa pure réalité.

L'Amour Divin calme toutes mes souffrances, rassure mon être et protège mon chemin.

L'Amour Divin me soigne et me guérit quand je le laisse m'aider à pardonner et à aimer.

En moi, la paix s'installe.

À chaque inspir, à chaque expir, je renouvelle et fortifie mon énergie de vie. À chaque inspir, à chaque expir, j'offre une part de ma vitalité pour combler les besoins de chacun.

Par la force indestructible de ma foi, je proclame le retour de la santé en moi.

J'ai confiance en l'énergie réparatrice de la vie.

Je pardonne mes erreurs passées responsables
de tous mes mal-être.

Dès à présent, je déclare l'ordre parfaitement rétabli
dans ma société cellulaire.

Je place mon corps et mon esprit dans le bain
de lumière créatrice qui les guérit.

Gloire à la vie !

POUR ÉLIMINER L'ANXIÉTÉ

Au-delà du constat évaluant les poisons de la peur et des doutes, l'anxiété est la réponse à l'instabilité émotionnelle. Cet état d'être pour le moins inconfortable fait son nid dans les pensées, les jugements et les comportements. La sérénité ne s'acquiert pas en se disant subitement : maintenant je vais prier ou méditer. L'esprit changeant reste ce qu'il est et continuera ses créations imaginaires en charge de le troubler. Ne croyez pas que les choses puissent se faire toutes seules, cultiver la paix en soi est une mission longue durée qui doit être poursuivie dans une persévérante et confiante continuité.

La sérénité ne s'acquiert pas en se disant subitement : maintenant je vais prier ou méditer.

La relaxation, le sport, les médicaments, les distractions et le repos peuvent certes contribuer, selon les cas, à vous aider à vaincre l'anxiété en agissant sur votre corps et sur votre moral pour les détendre et pour les rassurer. En pénétrant profondément dans les rouages de votre psyché, les affirmations spirituelles induisent en votre esprit des notions propres à soigner vos états émotionnels. En cas de crainte de ne pas pouvoir atteindre vos objectifs, en cas de peur irraisonnée et de mal-être inexpliqué, affirmez ce qui suit :

La vie est mon amie, comment pourrais-je la craindre ?

Comme moi, chacun connaît des moments de souffrance
et des instants de joie, mais les chemins sont différents,
j'accepte ce qui est.

La vie est mon amie, je dois en être digne.

Pour mieux gagner, j'apprends à savoir perdre.

Pour mieux aimer, j'apprends à me libérer.

La vie est mon amie, la peur m'a quitté.

Réservez régulièrement quelques instants rien que pour vous. Coupez votre portable, abandonnez l'ordinateur et asseyez-vous.

Réservez régulièrement quelques instants rien que pour vous. Coupez votre portable, abandonnez l'ordinateur et asseyez-vous. Décroisez vos jambes, posez vos pieds à plat sur le sol, les mains sur vos genoux. Sentez le contact d'une assise bien stable et maintenez votre dos droit sans rigidité. De même pour votre tête. Puis commencez par effectuer une dizaine de respirations longues et calmes en sentant l'amplitude respiratoire vous emmener dans une tranquillité que vous prenez le temps d'apprécier.

Quand vous sentez l'anxiété escalader votre être, visualisez une colonie d'oursins planter leurs aiguilles acérées dans votre ventre, votre cœur et votre gorge. Posez les mains de chaque côté de la boule du sternum et en pressant légèrement la pulpe des doigts, effectuez un massage circulaire les mains appuyées sur la poitrine. Comptez 10 tours dans un sens, prenez une grande respiration profonde et reprenez 10 tours dans l'autre sens, ne gardez à l'esprit que ce que vous êtes en train de faire.

Vous pouvez aussi poser vos mains sur votre ventre et respirer lentement et profondément en essayant de ressentir cette « entrée » dans les profondeurs de la sérénité. Une perception nouvelle bien différente de ce que vous connaissez de vous. Affirmez ce qui suit :

En mon âme, je suis la paix constante et bienheureuse.

Celle qui rassure le bébé intérieur que je porte en mes peurs.

En disant cela, voyez l'oursin accroché dans votre ventre se transformer en une fleur marine flottant dans un courant léger.

(Respirez et détendez-vous.)

Au centre de mon corps, je laisse rayonner une joie retrouvée,

Je suis le soleil de mon être, j'efface toutes les ombres.

En disant cela, placez vos mains sur votre plexus solaire et voyez l'oursin ventousé au rocher de vos émotions se détacher pour devenir une fleur de lumière apaisante.

(Respirez et détendez-vous.)

Adressez-vous au monde en disant :

Au milieu de ma gorge est la rumeur du monde, je préfère écouter le bruissement des mots du silence : je suis l'accord parfait qui nous réconcilie et ne prête attention qu'à ce qui nous unit. Je suis le germe de la paix du monde.

En disant cela, portez doucement vos mains à votre gorge pour en ôter délicatement l'oursin qui s'y trouvait. Avec beaucoup de soin, remplacez-le par une fleur de tendresse rassurante que vous offrez à ceux qui souffrent de violences.

Respirez puis portez à nouveau les mains sur vos genoux et demeurez en cette paix retrouvée dont vous inhalez le parfum d'apaisement.

POUR PERMETTRE À L'ÉNERGIE DE LA VIE DE SE RÉGÉNÉRER

Libérez-vous quelques instants des contraintes de vos activités et en posant vos mains sur votre cœur, affirmez ce qui suit :

Le flux divin coule en moi comme un baume réparateur.

Il me guérit de mes erreurs et me donne la force
et le courage dont j'ai besoin.

Inspirez/expirez et demeurez en paix.

Dites encore :

La force en moi est la joie, l'abondance de tous biens,
j'ai confiance et je suis en paix.

Inspirez/expirez et demeurez en joie.

Puis ouvrez vos mains paumes vers le ciel, les bras légèrement tendus en parallèle devant vous, et offrez le meilleur de vous-même en disant :

Cet instant-là est le plus précieux de ma vie, je l'offre comme un trésor à tous les êtres pour qu'il devienne un souffle de tendresse humaine à partager entre tous.

Inspirez/expirez et sentez-vous relié.

À ce moment de la prière, ouvrez largement vos bras en cercle devant vous et tandis que vous pensez embrasser le monde et les êtres, inspirez l'Amour Universel et expirez son flux d'apaisement et de bonheur véritable. Puis, en ouvrant lentement vos bras de chaque côté tout en relevant la tête, tournez les yeux vers l'immensité.

Inspirez/expirez dans la douceur de la sérénité. Soyez en paix.

N'oubliez pas que si votre corps est soumis aux intempéries de la vie, votre esprit, lui, est le chef d'orchestre de votre devenir. À vous l'harmonie d'une symphonie ou la pauvreté de notes discordantes. La confiance en la prière accrochera des ailes à votre dos meurtri, la foi vous élèvera au-dessus des souffrances.

Continuez sans vous lasser de semer des graines de succès sur vos jours et vos nuits, car votre sommeil lui-même fera mûrir les fruits de vos pensées.

Affirmations spirituelles à prononcer à volonté

▸ Je me tiens dans la paix et l'éveil de ma conscience,
Rien ni personne ne peut m'en empêcher.

▸ À tous mes actes, je donne le sens du bien et de l'amour,
Je pense, j'agis selon ma vérité.

▸ Mon cœur habite la maison du bonheur,
Celle qui abrite le calme et la prière.

▸ Je me tiens dans la volonté du divin,
Rien ni personne ne peut me déranger.

AFFIRMATIONS SPIRITUELLES DU JOUR ET DE LA NUIT

Voici un rendez-vous que vous pourrez prendre avec vous quand bon vous semblera. À n'importe quel moment du jour ou de la nuit, vous pourrez revenir au plus près de votre réalité intérieure. La vérité de chacun est contenue dans cette réalité, mais peu de personnes le savent et peut-être bien aussi que peu sont prêtes à y croire. Or, comme vous l'avez compris, il ne s'agit pas de croire quoi que ce soit sans s'être donné la preuve de la véracité du sujet exposé. Alors il ne tient plus qu'à vous !

En moi s'installe le silence... J'écoute la vie qui s'exprime par mon souffle... J''inspire le temps qui vient, j''expire le temps qui passe... et au détour de l'instant, un coin de ciel apparaît...

Je te salue, toi, la lumière de mon être. Mes yeux se ferment, et mon esprit s'ouvre à d'autres réalités, la mienne et celle de tout ce qui est. Patiemment, j'attends le signe qui nous réunit, et pour le faire venir, je respire ces mots comme on chante la douceur d'une mélodie :

J'inspire, le ciel est en moi – J'expire,
en moi est le ciel.

... Et le ciel intérieur s'agrandit...

Au rythme du souffle inspiré, prononcez la première phrase en quatre temps, comptez intérieurement sur les mots récités silencieusement. Il en sera de même pour l'expiration. La pure nature de vos aspirations donne l'élan qu'il faut pour atteindre le ciel... C'est l'instant de tous les possibles rendus visibles à la lumière de votre prière sincère. Comme un étang de soie et de velours, le ciel répand sa limpidité dans tous les courants de votre être...

Je m'adresse à toi, omniprésence
de ma conscience.

À toi dont la puissance est vastitude,
je rends hommage.

Sans plus douter de ma réalité,
je dépose mes vues fausses, anciennes
et mes croyances erronées.

Au-delà des peines et des peurs, de la vanité
et de l'inconstance, j'ose franchir les obstacles
qui retiennent prisonniers ma confiance,
mon courage et ma liberté.

Connaissant mes faiblesses mais ignorant mes forces, je m'accorde le temps de me voir autrement, et dans la beauté de mon être profond je prie :

Je suis la nature pure,
l'essence vibrante de ce qui est.

Je suis la clarté du Ciel et le sel de la Terre.

Je suis l'énergie de la vie incarnée
pour la faire exister.

Je suis l'un me reflétant
dans le miroir de l'autre.

Je suis la part individuelle de l'énergie
universelle rendue visible.

Je suis le potentiel de toutes les réalisations
dont je guide le choix.

Je suis la puissance des orages au service de
la paix du Ciel, et c'est pourquoi je sais apaiser
mes tempêtes.

Je suis le phare qui éclaire ma conscience.

Je suis l'amour et la paix du monde.

Je suis la joie et l'abondance illimitées.

Je suis la santé parfaite.

Je suis l'accord sensible entre ma nature
visible ordinaire et fragile, et la réalité cachée
infaillible et sublime de mon être.

Dès lors, investi du courage d'affronter les épreuves qui n'ont d'autre sens que l'évolution positive de l'être, vous n'hésiterez pas à prendre les parcelles de temps nécessaires pour vous retrouver accordé et uni aux milliers d'autres, au sein de l'énergie resplendissante de la vie. Vous laisserez le passé retourner au néant d'où il vient, et ne projetterez plus vos anxiétés dans l'avenir que le présent se charge de construire. Vous vivrez l'instant sans chercher à vous détourner de sa réalité, sachant combien elle est fugace. Avec la découverte de la force et de l'amour authentiques en vous, vous utiliserez chaque seconde à faire vivre la noblesse de l'être véritable qui sommeille au fond de toutes les consciences. Votre objectif primordial sera de vivre et faire vivre cette splendide présence qui n'est autre que vous. Il en est ainsi pour tout ce qui vit.

Si le ciel de la vie parfois s'assombrit, reste à **s'élever au-dessus des nuages.**

LES CONTES MÉDITATIFS :

UNE AUTRE MANIÈRE DE PRIER

Vous sont aussi proposés dans ce livre des contes afin de vous livrer des supports de réflexion propices à la méditation. Ils sont faits pour être lus séparément et ensuite intégrés dans une réflexion méditative. C'est une manière originale de s'interroger sur nos propres comportements. Ces contes seront chaque fois suivis d'une prière. Leur poésie saura adoucir les leçons qu'ils contiennent. Cela peut faire l'objet d'une lecture en groupe suivie d'un échange de paroles et/ou d'une application personnelle. Pour chacun, ces histoires en disent long sur soi-même et dévoilent la capacité de l'esprit à lever le voile de ses propres limitations...

LES CHEMINS

Lorsque tu arrives au sommet de la montagne, continue de grimper!
Koan Zen

La prière est le chemin qui mène au pied de la montagne et qui permet de la gravir. Chacun prie selon l'état d'être qui lui est propre, selon son éducation, ses croyances ou ses doutes, son mysticisme ou son pragmatisme, qu'importe et quoi qu'on en dise, tout le monde prie à sa façon. En conscience ou sans le savoir, chaque pas dédié à sa pensée est une prière. Voyez donc tous ces êtres le nez en l'air, regards perdus dans les nuages, Ô Dieu que la montagne est belle mais diable qu'elle est haute! Ceinte des quatre sentiers d'un parcours risqué, la montagne est souvent dangereuse pour qui s'y aventure sans vivres et sans guide. En bas la Terre, en haut le Ciel, au centre la Genèse. La montagne est la vie telle qu'elle est. À peine le premier sentier entamé, que les chairs souffrantes de l'ego se heurtent aux ronces et aux pierres. Alors vient la première prière, celle que l'on dit à l'aube d'un jour nouveau.

En marche

Chemin de croix, chemin de foi, laisse-moi poser mes pieds sur toi. Esprit de la montagne, accueille-moi !

Mère de la Terre, sur tes flancs généreux j'avance prudemment, le cœur empli d'espoir. Point d'arrogance en ma pensée, juste un besoin de rencontrer le Ciel.

Depuis bien trop de temps je marche sur le vent, la tête à l'envers en écrasant l'espace.

Ce matin, avant l'aube, je veux proclamer haut et fort mon intention de progresser.

Et c'est à toi, montagne, que je demande de m'enseigner.

Ici, une pause méditative sera la bienvenue pour que vous puissiez évaluer la valeur de votre engagement. Prenez un peu de temps au cours de cette halte pour vous interroger sur ce que vous voulez vraiment et le degré d'authenticité de votre intention.

Une fois tracée la route de l'intention, déjà le souffle manque à l'appel de l'effort.

Il n'est pas si facile de renoncer au confort.

Mais qu'à cela ne tienne, cette fois je tiendrai ma promesse et coûte que coûte, si tu permets, j'avancerai.

C'est incroyable comme une grande décision et un pas en avant font basculer les choses, quand le chant d'un oiseau annonce l'approche du second sentier.

Et voilà que le brouillard se lève,
confondant l'orgueil avec l'humilité.

À ne plus savoir si l'on est fier de s'être engagé
ou si l'on se croit déjà arrivé ?

Le silence adoucit mon cœur déserté par l'avidité
qui ne vit que de bruits. L'air frais de la nature prête
à endormir ses rêves m'éveille à ma réalité. Montagne,
que n'ai-je de fleurs plus belles que les tiennes pour rendre
grâce et pour te remercier !

La nuit engloutit le passé, difficile d'avancer sans visibilité.
La confiance dit l'invisible guidance, pour aujourd'hui, tout
est accompli. Demain je reprendrai le cours de ton chemin.
La montagne se gagne pas après pas, instant
après instant de toute éternité.

Je loue et je bénis ce corps vivant de la montagne
qui m'a ouvert ses entrailles, pour me permettre de renaître
à moi-même au temps de cet effort qui me porte en avant.

Ainsi se trace le chemin d'évolution dans le corps, l'esprit
et la vie, de celles et ceux qui gravissent la montagne
à l'aube de la prière.

ARIANE ET LE FIL
(ET LE CHEMIN SE POURSUIT)

Faut-il réapprendre à marcher pour pouvoir avancer sur le chemin qui mène au pied de la montagne ? Et comment faire pour progresser au travers des difficultés ? Par où commencer ? Simplement partir de là où l'on est, ne pas attendre d'être prêt.

Lorsque l'envie s'en fait sentir, c'est le bon moment pour s'engager. Bien entendu, avoir un objectif que l'on ne perdra plus de vue.

La montagne est immense donc elle paraît proche, mais plus on avance, plus elle semble s'éloigner. Ne pas se décourager, surtout pas ! Au début, ce qui importe, c'est de rester sur le chemin sans s'égarer, car comme un fait exprès, on trouve sur la route du progrès, une multitude de marchands d'illusions. Résister à l'envie de prendre pour excuse le besoin d'autre chose, ne pas s'éparpiller, il faut rester concentré.

Comme Ariane un jour s'y est elle-même engagée, c'est sur le fil conducteur du courage et de la volonté que se tisse la toile de votre succès à la mesure de votre endurance. À chaque pas, une découverte sur soi et à chaque avancée, du terrain de gagné. Au bout du compte, le délice de plonger son regard dans la vastitude de la liberté.

LA COMPASSION

La compassion est un sujet qui revient très souvent dans les conversations. Mais est-il aussi bien éprouvé qu'il est évoqué ? Aimer n'est pas si simple et la compassion n'est en rien la faiblesse qui se laisserait aller à satisfaire des caprices ou des exigences injustifiées. Le cœur en sa surface est devenu très dur par égoïsme ou par protection. Pour briser cette muraille de défense, il faut un appel capable de réveiller la sensibilité compassionnelle en chacun. Les histoires méditatives répondent à cet appel.

Si timides et si belles ! Comme nous, elles avancent entre ombres et lumières, clairières et futaies. Prudentes, elles restent ensemble unies et solidaires. Combien ont-elles raison de redouter le monde ! Elles savent la douleur de perdre leurs aimés, elles tremblent d'effroi quand retentit le cor et pleurent une délivrance qui ne viendra jamais. Elles passent en traçant un chemin pour plus loin, laissant dans l'air tranquille l'empreinte de l'éphémère.

L'enseignement des biches rappelle l'impermanence et montre la nécessité de l'amour solidaire pour traverser l'adversité.

Je pose mon esprit sur les vagues du temps. Sans m'installer, je me laisse méditer.

En ma conscience, les biches réapparaissent, mon esprit sent la douceur de leurs pas sur la terre humide de mon cœur. Je deviens leur douleur quand brusquement les hurlements des chiens fendent les bois jusqu'à les séparer. Dans leurs sanglots, mon regard intérieur se noie sans qu'aucune de mes larmes ne puisse les soulager. Faut-il tant de souffrance pour que je puisse aimer ?

En quelques bonds, les biches passent, laissant dans leur sillage les marques du regret.

Pardon si je t'ai blessé. Je veux t'aimer sans te tendre de piège, te protéger sans rien te demander. Dans la forêt tourmentée de la vie, j'apprends la fragilité des instants et leurs incertitudes, je ne m'y accroche plus. Un frôlement, un bruit léger de pas, un regard aux aguets... Comme les biches, je passe...

Prière du cœur

Je prie pour que la beauté fragile de ce monde
devienne la force de tous les opprimés.

Je prie pour que cesse la violence à l'égard des plus faibles,
et que le spectre de la peur déserte l'esprit de ceux
qui protègent les valeurs contre l'iniquité.

Je prie pour que les cœurs aimants se portent au secours
de la haine et donnent le pardon sans condition.

Amis, frères et sœurs, enfants de la famille humaine,
en regardant passer les biches, laissons-nous prier.

Prions pour que l'amour arrose la terre aride
de nos jardins secrets,
et que la paix éclaire les maisons les plus sombres
dans la nuit des esprits meurtris.

Prions pour ceux qui meurent sans personne
auprès d'eux et qu'en la force de la prière,
leur dernier souffle vienne se réfugier.

Dans le secret de leur souffrance, les biches
elles aussi savent prier.

LAISSER PARTIR LA PRÉOCCUPATION DE SOI

Les plus grandes futilités dont se repaît souvent l'esprit peuvent servir de tremplin à la pénétration des profondeurs de l'être. Dans la philosophie bouddhiste, la splendeur du paon revient à la nourriture indigeste dont il fait la base de son alimentation. En fait, le paon se nourrit du poison de la vanité dont il ne souffre pas, car il incarne la transition entre le désir et sa libération. L'histoire enseigne combien la grâce des apparences peut devenir souffrance si l'attachement devient plus fort que le discernement.

Jolie comme ses vingt ans, Isabelle goûtait sa vie à petites bouchées d'insouciance et grandes lampées de vanité. Ses amis l'aimaient bien parce qu'elle savait être tendre et surtout parce qu'elle riait beaucoup, mais au fond personne ne la prenait vraiment au sérieux. Elle était trop... comment dire, inconséquente ? Elle jouait avec le temps comme avec un amant, ne portant d'intérêt qu'au bien-être de son impertinence. Un ange pourtant veillait dans l'ombre, cherchant la meilleure solution pour la tirer de ses errances (certaines et même certains d'entre nous trouveront matière à ressemblance en revisitant quelques souvenirs et quelques faits...).

Elle se leva de bon matin, c'était le jour de son anniversaire, et l'idée des cadeaux à venir la rendait pleine d'entrain. Comme elle s'apprêtait à faire le choix de sa plus jolie robe, il fit son apparition.

C'était un paon fier et hautain qui s'avançait majestueusement dans les allées de son intimité. Surprise, elle le fixait se demandant s'il fallait rire encore ou bien s'en effrayer. Et comme il restait là à picorer et observer l'environnement sans même la regarder, elle choisit de lui donner le change en reprenant son habituelle préoccupation d'elle-même. Hésitant pour une parure ou pour une autre, elle s'énervait toute seule, pitoyable devant son grand miroir. Puis un frou-frou la fit se retourner, médusée devant la plus somptueuse robe qu'elle puisse imaginer. Le paon venait de revêtir une roue d'émeraude, d'agate et de rubis, brodée sur fond de perles et d'éclats de vermeil. Avant même qu'elle en fût revenue, il lui tourna le dos et disparut.

Cette aventure venait de lui changer la vie, elle savait maintenant qu'il existait à la surface du monde, un être dont la nature était dotée de l'éternelle beauté. Et ce secret, elle voulait le connaître ! Elle se documenta et trouva que le paon devait sa splendeur à la nourriture qu'il absorbait. Mais en approfondissant, elle découvrit qu'il se nourrissait de plantes toxiques que nul autre que lui ne pouvait ingérer sans périr. Catastrophe ! La colère depuis lors alimentait furieusement son désir, et rien ne parvenait à la faire renoncer à satisfaire sa vanité.

Et c'est ainsi que le temps passait, grimaçant devant sa jeunesse finissante.

Au matin de son ultime anniversaire, un visiteur inattendu se présenta. Le paon des beaux jours était revenu. Cette fois-ci, il la regarda avec des yeux emplis de compassion, elle s'attacha à ce regard. Sans prononcer de mots, il lui parla dans le secret de l'éternelle beauté. À l'expérience de sa vie, il ajouta la subtilité de son enseignement sur la précarité du monde des apparences.

De l'aile des anges sont nées les plumes des paons dotés de connaissance de la sagesse transcendante. Eux seuls peuvent se nourrir de substances vénéneuses sans avoir à redouter leur toxicité. Mis au service de leur beauté, le poison se déploie dans leur apparence pour servir de leçon à l'inconséquence.

Au cœur humain souillé par l'égoïsme et la vanité, il en va bien différemment. Du paradis perdu, les êtres ont ramené le goût du danger. Ils s'obstinent à cultiver les poisons dans les champs de leurs illusions. Un jour, quoi que l'on fasse et que l'on veuille, la beauté fugace se flétrit et s'estompe, laissant place à la déception.

Le défi de l'histoire mérite d'être relevé pour qui souhaite servir le bon sens de sa vie. Le monde des apparences peut être approché plaisamment et même apprécié, mais seulement à sa juste valeur, c'est-à-dire à doses prudentes. Les illusions s'emparent facilement des plus nobles projets de vie pour en faire leur œuvre et les détruire si l'on n'y prend pas garde. Les poisons de l'esprit sont une nourriture indigeste pour l'âme, ils résident dans le désir, l'orgueil, la jalousie, l'envie d'un toujours mieux et d'un toujours durable, ils rendent tristement solitaires et finissent dans l'ennui ou la désespérance.

Le paon lança un cri strident quand Isabelle consentit à abandonner ses tourments au bénéfice de son éveil.

Prière pour demander pardon et changer

J'ai tant promis et j'ai si peu tenu. Aujourd'hui, je laisse le regret de mes fautes inspirer ma prière d'un repentir sincère.

Ultime amour, j'implore ton pardon pour avoir tant de fois failli à ta loi de sagesse.

À toi, ma famille de cette vie, mes parents, mes amis, pardon pour le manque d'attention à vos infimes besoins quand mon égoïsme ne s'attachait qu'aux miens.

À vous, les êtres de passage connus et inconnus, pardon d'avoir négligé ou bâclé le service que l'on doit à qui croise son chemin.

Et toi, mon ego, ma personne, pardon de t'avoir pris pour ma réalité. Tu n'es qu'un outil de passage, j'apprends à vivre en ton soutien sans faire de toi mon maître.

Devant la conscience qui m'éclaire, je fais le choix de ne plus rechuter, le regret que j'exprime ici haut et fort devient la voie de mon progrès.

Puisse le retour au plus authentique en moi-même lever le voile épais qui recouvre les consciences, afin que chacun trouve en soi l'espace libérateur du pardon de la vie.

LES SIGNES DE LA VIE

À l'aube de l'humanité, les plumes ont incité les premiers humains à découvrir leur origine spirituelle. Dès lors, elles sont restées nos compagnes du voyage terrestre, se faisant messagères entre les mondes visibles et invisibles. Dans certaines traditions, il est des plumes agissantes comme des talismans, que l'on porte sur soi ou que l'on offre pour la chance, la guérison ou renforcer les liens d'amitié. La plume qui nous intéresse ici, est celle qui enseigne l'étrange fragilité et la force mélangée, du temps qui se veut être notre allié.

De la nature printanière, une plume est venue dans ma main. J'étais sortie prendre l'air, celui qui ne vient qu'après s'être givré aux dernières glaces de mai. Encore une fois ce matin-là, je cherchais à savoir comment au mieux aider la vie. Le poids de cette réflexion pesait si fort en moi que j'ai failli ne pas te voir. Tu as fait le chemin, pour ainsi dire les premiers pas, en venant poser ta fragilité entre mes doigts grossiers. Et dans un souffle, le monde a changé. Ta présence m'a parlé de douceur, de calme et de silence. Tu m'as dit le bonheur de tout donner et ne rien vouloir retenir, tu m'as montré la légèreté du temps qui passe et pour que j'en comprenne le sens, tu m'as glissé entre les mains. Les plumes ne

sont pas faites pour demeurer en place. Comme les heures, les êtres et les événements, tout change, tout se transforme et se volatilise...

En laissant venir et partir les plumes de la vie, en les prenant délicatement avec tendresse pour ce qu'elles sont, elles s'arrangeront pour nous tisser des ailes qui feront s'envoler les tristesses anciennes.

Prière pour vivre avec ces signes

Je rends grâce à la nature vibrante de joie créatrice, porteuse des messages qui soutiennent et qui encouragent.

Je prie à la croisée des routes du bonheur, guidé par une plume qui ne fait que passer.

J'ai choisi mon voyage au creux douillet de l'instant, et c'est pourquoi je prie et je médite.

L'ENVIE

Quelque part dans la vie de chacun, un être tant aimé a brisé l'anneau de la fidélité. Peut-on lui en vouloir et à titre de quoi? N'est-ce pas grande puérilité d'exiger à tout prix de garder ce qui s'inscrit comme en toutes choses, dans un temps imparti au changement?

Il s'appelait Adam et elle s'appelait Ève. Ils ne souffraient de rien, ni du chaud ni du froid, l'abondance de tous biens comblait leur existence et surtout, ils s'aimaient. Et puis un jour, une voix de miel aux yeux de braise souffla d'autres désirs dans leurs pensées. Quelque chose venait de changer. Chacun voulut s'approprier sa part de plaisir personnel, l'union sacrée était rompue. Comme dans tous les contes, ils eurent beaucoup d'enfants, nous sommes les descendants de leurs souffrances.

L'histoire du premier couple montre combien quels que soient les bonheurs qui l'entourent, l'être humain reste soumis à la faiblesse de sa condition tant qu'il ne s'emploie pas à révéler son âme.

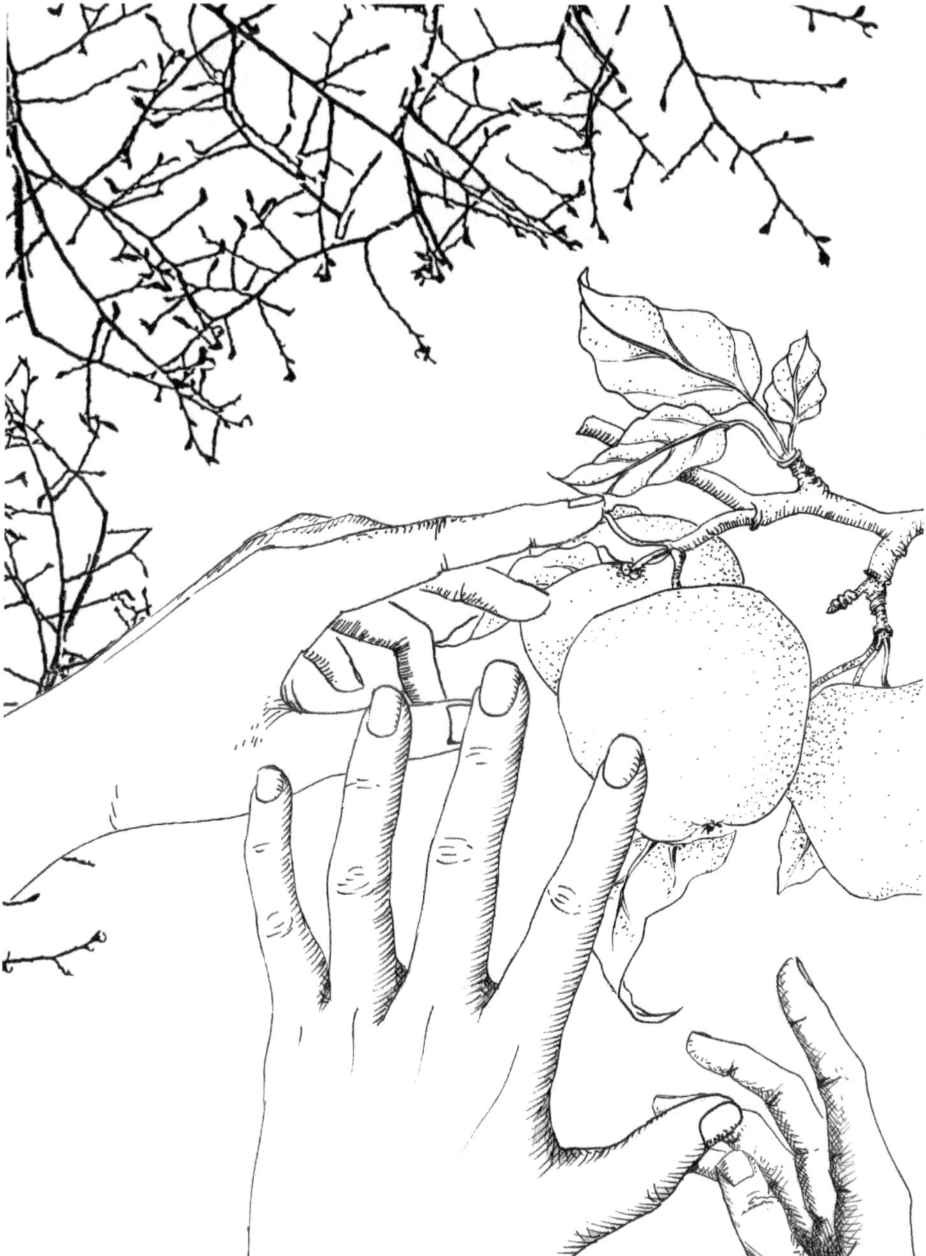

Plus tard en d'autres temps, devant une multitude d'Ève et d'Adam, la sagesse du Bouddha enseigna les bénéfices de la précieuse existence humaine, comme une terre en devenir du paradis. Mais les désirs appellent d'autres désirs, et l'insatisfaction propulse vers la chute.

L'étude, la réflexion, la prière et la méditation sont les antidotes aux causes des souffrances.

Prier la tempérance

Je sais mes désirs, je connais leur fureur lorsque l'envie coule dans mes veines. Mais à chaque fois, tu viens à moi, ange de la tempérance, et sous tes ailes je me replie loin des passions qui me dévorent.

Modération, enseigne-moi le plaisir d'être satisfait quand je contrôle mes désirs.

Indépendance, défais les chaînes de mon avidité et offre-moi la délivrance.

Patience vertu de l'excellence, je sais pour parfois t'approcher, combien source de paix procure le sentiment du renoncement.

Détenir la vie à l'instant me suffit.

Puisse cette mesure appelée tempérance révéler son secret de jouissance aux ignorants qui la confondent avec la suffisance.

L'ENVOL DES PENSÉES

Choisissez un moment de tranquillité pour vous abandonner au bonheur du rêve éveillé. Installez-vous confortablement et laissez le silence vous rejoindre en remettant votre corps dans le voile du temps qui l'absorbe. Prenez la précaution de placer un gardien à la porte des rêves pour que, bons ou mauvais, aucun ne vous dérange et laissez-vous entrer dans l'histoire.

Rien ne vous porte, et vous semblez cependant flotter, ce doit être le souffle qui se fait plus léger. Inspirez, expirez en laissant s'épuiser le trop-plein des pensées... Dans l'espace du rêve, le monde est différent mais il n'est pas absent, et le cri des oiseaux, même s'il est mélodieux, reste assourdissant. Inspirez, expirez un peu plus lentement et plus profondément...

Le voyage est sans barre, sans rames et sans voile. Acceptez de vous abandonner...

Comme ceux d'un prince, les bras du rêve vous emportent, laissez faire... Au sol, les oiseaux sont venus se poser. L'instant béni de la prière est arrivé.

Prier pour se relier au meilleur de soi-même

Veille sur moi, mon âme, pour que toujours
j'aspire à t'embellir.

Viens en moi, la paix, et répands ton silence
pour que je m'en imprègne.

Coule en moi, la joie, je veux pouvoir t'offrir
à ceux qui n'en ont pas.

Parle-moi, mon cœur, dis-moi les mots d'amour
qui portent le bonheur.

Maintenant, les yeux fermés et le corps détendu, portez votre regard intérieur sur un point situé au centre de votre front. Ne forcez pas votre regard, ne laissez aucune tension apparaître, gardez seulement votre attention sur le point au centre du front. Pensez que vos deux yeux se fondent en un seul qui brille comme un phare au milieu de la tête. Puis revenez à la première invocation.

Veille sur le monde, mon âme,
pour que ta lumière l'éclaire et l'inspire.

Unis tes forces, la paix, sépare ceux qui se battent
pour mieux les rassembler dans ton rayonnement.

Élance-toi, la joie, ensemence la terre des petits
et des grands sans oublier un seul.

Donne-toi, l'amour, sans compter à tous ceux qui t'attendent,
ceux qui t'ont oublié et ceux qui t'ont renié.

En pensée, descendez au centre de votre cœur en posant vos mains sur votre poitrine pour écouter et ressentir la réponse de votre être profond. Ce peut être un mot, une image, une sensation, ne forcez rien, laissez-vous écouter et laissez-vous entendre... À la fin, n'oubliez pas de remercier et dédiez cette prière à l'infinité des êtres.

Par la force de la prière ainsi formulée, par la puissance
de l'amour inconditionnel, puissent tous les êtres bénéficier
des mérites que j'ai ainsi créés.

Avant de retourner à vos activités habituelles, prenez le temps de vous lever doucement, sans vous presser.

QUELQUES NOTIONS SUR LE **BOUDDHISME**

Vous trouverez dans ce chapitre les notions de base simplifiées du bouddhisme. Ce rappel, essentiel pour moi, n'est pour autant en rien un frein aux prières laïques que je vous ai proposées précédemment. L'aspect sacré de la prière n'est pas nécessairement religieux et, de ce fait, elle est accessible à tous sans engagement bouddhiste ou chrétien. Je pense cependant important de partager avec vous ce qui demeure ma première nourriture spirituelle.

LES QUATRE NOBLES VÉRITÉS

Les Quatre Nobles Vérités constituent le premier enseignement du Bouddha transmis à la suite de la révélation spontanée de son Éveil sous l'arbre de la Boddhi. Voici une explication succincte des Quatre Nobles Vérités pour la compréhension de tous.

L'amour et la sagesse en sont les piliers fondateurs.

L'expérience personnelle du prince Siddharta Gautama devenu le Bouddha Shakyamuni (VIe siècle av. J.-C.) est inscrite dans l'histoire spirituelle du monde, au même titre que celle délivrée quelques siècles plus tard par Jésus, le Christ. Malgré leur différence, l'essence pure de leur message est identique, l'amour et la sagesse en sont les piliers fondateurs.

Avant cela, alors âgé de 29 ans et préservé du monde extérieur dans l'écrin du domaine familial, le jeune Siddharta rencontra au cours d'une promenade clandestine hors de son palais quatre signes qui changèrent sa vie.

1. Il croise d'abord un pauvre vieillard loqueteux et souffreteux, qui lui fait prendre conscience de la souffrance inhérente à l'inexorable marche du temps responsable de la dégradation de la jeunesse.

2. Le passage d'un brancard transportant un malade gémissant lui montre qu'au-delà des conditions temporelles, le corps vient à souffrir des différentes causes intérieures/extérieures qui l'affaiblissent et l'endommagent.

3. La vue d'un cadavre que l'on conduit à la crémation lui révèle l'infaillibilité de la mort, quelles que soient les situations de la vie.

4. Mais quand un ermite vient à passer, la douceur de ses traits dévoilant une tranquillité d'être inébranlable, l'amène à penser qu'il existe un moyen de s'élever au-dessus de l'évidente souffrance. L'ermite ne possède rien, ne cherche rien et n'attend rien. Siddharta sait à présent qu'il détient là une piste de réflexion qu'il va nommer le renoncement. Mais qu'entend-il par là ? Ce n'est qu'après un temps prolongé d'application méditative qu'il trouvera la clé dont il fera l'exposé sous le titre des « Quatre Nobles Vérités ».

Plus qu'un témoignage sur la nature et le sens de l'existence, les Quatre Nobles Vérités tracent le chemin conduisant à la libération des souffrances. On pourrait cependant s'étonner de l'apparence peu séduisante de cette voie qui commence par révéler l'aspect douloureux de la vie. Mais le point central du bouddhisme repose sur le fonctionnement de l'être sous l'emprise de ses illusions, sources vives d'erreurs, provoquant l'apparition et les prolongations de la souffrance. La situation des êtres sensibles, humains et animaux compris, est enfermée dans la prison de l'ignorance, soit la non-reconnaissance de la nature propre du moi et des phénomènes qui est la véritable nature de toute chose. Le Dharma, la voie du Bouddha, est vaste et profond, il réunit de multiples instructions d'une inconcevable richesse. Pour avoir envie de s'y engager, il faut comprendre son utilité en méditant la parole du Bouddha : « La source de toutes les souffrances, de tous les maux de la vie, c'est l'esprit lui-même. » Ce n'est que par la réflexion approfondie sur ces vérités qu'il devient possible d'agir correctement au travers des défis de l'existence.

La source de toutes les souffrances, de tous les maux de la vie, c'est l'esprit lui-même.

1. La vérité de la souffrance

Toujours pressés et affairés, nous courons à la recherche du plaisir, du bien-être et de la satisfaction de nos désirs. Tous nous voulons éviter la souffrance et obtenir davantage de bonheur. Cette quête nous laisse épuisés, privés de joie durable et, la plupart du temps, déstabilisés. Nous rencontrons beaucoup de difficultés qui nous éloignent de la paix. C'est la raison pour laquelle le Bouddha a commencé par évoquer la souffrance. Il aurait pu vanter les beautés d'un paradis quelconque, mais sa mission était de nous montrer le chemin de la délivrance des perturbations qui troublent la réalité de l'être. C'est pourquoi il a conseillé de faire un premier constat sur notre propre situation et ce qu'il convient de faire en l'état.

Nous rencontrons beaucoup de difficultés qui nous éloignent de la paix. C'est la raison pour laquelle le Bouddha a commencé par évoquer la souffrance.

Il a ensuite évoqué les trois sortes de souffrances : la souffrance de la souffrance, correspondant aux douleurs physiques et morales, aux sensations désagréables produites par le froid, la chaleur, la faim, la soif, et aussi à celles résultants de la colère, du chagrin et de la peur.

En second lieu, il a parlé de la souffrance du changement qui transforme le plaisir en désagrément. Par exemple, lorsque la faim nous saisit, nous mangeons en éprouvant du plaisir, mais ce plaisir se transformerait en rejet si l'on devait, une fois repu, continuer d'absorber davantage de nourriture. Ou encore se trouver heureux d'avoir de la compagnie après une période de solitude, mais malheureux après un certain temps par privation de tranquillité.

Troisièmement, le Bouddha a décrit la souffrance fondamentale inhérente à la condition de tout être vivant, qui est le manque de liberté. Il a démontré l'impossibilité du contrôle sur l'existence elle-même, car à partir de la naissance, la maladie, la vieillesse et la mort sont inéluctables, que nous le voulions ou non.

2. La vérité de l'origine de la souffrance

Si nous n'avons aucun pouvoir sur la naissance et la mort, nous disposons de celui du choix de nos actions et réactions dans le courant de notre vie. Conditionnés par notre habituelle façon de penser, nos comportements agissent directement sur les êtres avec lesquels nous entrons en relation ainsi que sur nous-même, et indirectement par influence, lointaine mais réelle, sur le monde dans sa globalité. Nous sommes en tout point toujours responsables de nos actes. Il est ainsi facile de comprendre que le négatif engendre ce qui lui ressemble et inversement, il ne peut en être autrement. Un état d'être maussade, voire malveillant, ne peut s'attendre à une réponse heureuse de la part de l'énergie de la vie qui traverse tout ce qui est. L'origine de la souffrance se trouve à la racine de nos pensées, de nos paroles et des actes éprouvés en cette vie bien sûr, mais également dans les existences antérieures dont notre devenir dépend. C'est ce que l'on nomme le karma ou la loi de cause à effet.

L'origine de la souffrance se trouve à la racine de nos pensées, de nos paroles et des actes éprouvés en cette vie bien sûr, mais également dans les existences antérieures dont notre devenir dépend.

3. La vérité de la cessation de la souffrance

Est-ce possible? Oui, affirme le Bouddha, à condition de vaincre l'ignorance fondamentale. Ici, le point devient crucial, car il s'agit maintenant de reconnaître la nature pure de l'esprit. Pour cela, le Bouddha nous explique que les émotions perturbatrices ne font pas partie de la nature originelle de l'esprit, nous ne sommes donc ni notre colère, ni notre orgueil, ni nos pensées amères. Ces perturbations mentales ne sont que des obstacles temporaires dont il convient de nous séparer si nous voulons accéder au bien-être tant attendu. Hélas, la difficulté est que nous croyons très fort en ce que nous ne sommes pas vraiment au point de nous identifier à nos perturbations émotionnelles, et cela nous conduit à créer des causes de souffrances. C'est en éliminant la cause des vues erronées que nous pourrons seulement nous libérer. Le Bouddha nous a laissé trois repères pour y arriver:

C'est en éliminant la cause des vues erronées que nous pourrons seulement nous libérer.

- Écouter ses enseignements et les mettre en application au quotidien;
- Réfléchir à ce que l'on a étudié pour parvenir à une juste compréhension;
- Méditer, soit prendre l'habitude de s'extraire chaque jour de la pression des activités pour approcher pas à pas de cette nature claire et lumineuse qu'est la vérité de notre esprit.

4. La vérité du chemin

C'est la plus importante mais qui n'intervient qu'à la suite de la pratique des trois précédentes. Le chemin de la libération n'est pas n'importe quel chemin, et ce n'est pas le simple fait de désirer sortir des souffrances en invoquant ou en priant qui ou quoi que ce soit qui permettra de réduire les obstacles et d'éliminer les causes et conditions défavorables. La seule manière d'y parvenir est notre engagement sincère dans une reconversion totale de notre façon d'être, de voir, d'agir et de penser. Nous allons devoir entrer dans la résolution d'une éthique correcte, élargir notre champ de vision pour qu'il ne se borne plus à une simple recherche de bien-être personnel, mais s'étende au bonheur de tous les êtres. Ce chemin est celui de l'amour altruiste et du renoncement à l'appropriation, ce qui ne signifie pas devoir se priver du plaisir d'exister et des bienfaits extérieurs apportés par la vie. La joie sur ce chemin demeure et n'a de cesse de s'épanouir, car elle naît d'un bonheur intérieur sans saisie. L'enthousiasme est présent mais il n'est plus en attente de plus ou en crainte de perdre. Le pratiquant des Quatre Nobles Vérités arrivé jusque-là est libéré.

La joie sur ce chemin demeure et n'a de cesse de s'épanouir, car elle naît d'un bonheur intérieur sans saisie.

LES QUATRE BONHEURS

Sur le chemin du Bouddha, on cueille les fleurs de l'espérance, on les respire et on les goûte jusqu'à en extraire l'essence : la Bodhicitta ou la bonté fondamentale. Cet état d'être développe les quatre aspects du bonheur véritable : la compassion, l'amour bienveillant, la joie, l'équanimité. Ce dernier aspect est un ressenti qui englobe toutes choses, tous êtres et toutes situations dépourvus de positions extrêmes. C'est un niveau de conscience calme, patient et tolérant qui, sans être passif ou indifférent, conserve une attitude sereine et équilibrée, et c'est aussi un engagement. La prière ci-dessous vous permet de vous y exercer. Méditer chaque jour sur les 4 incommensurables en faisant la requête d'apporter sa contribution personnelle permet aux résolutions de ne pas se laisser submerger par le flot incessant des pensées égocentriques.

C'est un niveau de conscience calme, patient et tolérant qui, sans être passif ou indifférent, conserve une attitude sereine et équilibrée, et c'est aussi un engagement.

Prière traditionnelle des quatre incommensurables

(pour libérer l'esprit des perturbations mentales)

Puissent tous les êtres vivants être libérés
de la souffrance et de ses causes.

Puissent tous les êtres vivants ne jamais être
séparés du bonheur et de ses causes.

Puissent tous les êtres vivants être inséparables
de la félicité sans chagrin.

Puissent tous les êtres vivants demeurer dans l'équanimité,
libres des tendances à l'avidité et à la haine.

PRIÈRE DES QUATRE FORCES

Quand, malgré nos efforts nous n'obtenons aucun signe d'amélioration, quand notre confiance défaille et que le doute nous tenaille, quand le poids des tourments écrase le peu de force que l'on tente de rassembler, la prière, telle une source claire, vient rafraîchir les brûlures des regrets et redonne l'élan du courage.

La force de la confiance

J'ouvre mon cœur, mes bras et chaque instant de ma vie
à la pure énergie qui anime tous les êtres.

La force du regret

Sous l'emprise de la colère et de la jalousie,
je me suis si souvent emporté, je demande sincèrement
pardon aux êtres que j'ai ainsi blessés.

La force d'opposition

Déterminé à cultiver des pensées bénéfiques, je concentre mes actes sur l'amour et le respect qui les porte.

La force de l'engagement

Dans le but de servir l'harmonie de la vie, de créer du bonheur et de le partager, je m'engage à surveiller mes pensées pour ne les diriger que vers de belles aspirations.

Tel un jardinier, par cette prière j'arrose chaque jour les fleurs de la confiance qui poussent en mon jardin secret.

LA PRIÈRE BOUDDHISTE TIBÉTAINE

Les prières bouddhistes nous viennent des temps où les disciples du Bouddha s'adressaient à lui en un langage poétique qui rendait hommage à la pure nature de leur maître. Plus tard, les yogis et maîtres spirituels qui lui succédèrent continuèrent d'exprimer leur dévotion sous forme de chants inspirés qui parvinrent jusqu'à nous. Dans le registre des invocations traditionnelles, la prière en sept branches est une pratique spirituelle à part entière. Là où les requêtes se mêlent aux engagements, où les louanges s'unissent à la détermination d'atteindre le semblable Éveil du Bouddha pour accomplir le bien de tous les êtres. C'est sur ces bases saintes que je vous propose d'avancer en sept pas vers la sagesse de L'Éveillé.

Dans le registre des invocations traditionnelles, la prière en sept branches est une pratique spirituelle à part entière.

Sept pas vers toi

Incommensurable est ton amour, insondable est ta sagesse.

Bouddha, je viens à toi, je t'en prie, accepte-moi !

À tes pieds de lotus, je pose ma tête de bois.

C'est un hommage bien faible, mais mon cœur est à toi.

Bouddha, je viens à toi, je t'en prie, regarde-moi !

Ta peau dorée et tes yeux de saphir furent les ornements
du livre de sagesse que tu portais en toi.

Mais rien jamais ne parvint à égaler l'amour divin
que tu offris aux êtres.

T'asseyant sous l'arbre Bodhidharma,
tu ne t'en relevas qu'une fois l'Éveil atteint.

Avec dévotion, en toi je prends refuge !

Hommage par la prosternation. Premier pas.

Renonçant à la félicité d'une existence toute tracée,
prince Siddharta roi des Shakya, qui a préféré délaisser
les richesses et le confort de son palais pour pénétrer
les souffrances du monde et en dévoiler le sens,
devant cet exemple parfait,
avec respect, je me prosterne !

Offrandes. Deuxième pas.

En mon esprit est un jardin rempli de roses et de jasmins.

L'oiseau bleu y a fait son nid et les tourterelles
sont des dakinis.

Des parfums suaves et des chants mélodieux accueillent
ceux qui, comme moi, suivent tes pas.

Ces splendeurs sans attachements avec amour
et sans regrets, je te les offre.

Repentir. Troisième pas.

Combien de fois, en cette vie et en les précédentes,
n'ai-je rompu mes vœux de bonté et d'intégrité ?

Cédant aux illusions prometteuses de jouissances,
j'ai souvent oublié jusqu'au sens de ton nom.

À présent, le regret me tourmente, humblement,
j'implore ton pardon.

Réjouissance. Quatrième pas.

Le bonheur règne sur la terre des Éveillés.

Parmi les êtres ordinaires, il en est qui, par leurs prières
et leurs méditations sincères, atteignent cette félicité.

De leurs mérites relevant des actes empreints
de grâce spirituelle,
mon cœur ne cesse de se réjouir.

Aspiration aux purs enseignements. Cinquième pas.

Le son de ta parole a pénétré les trompes
majestueuses des temples du Tibet.

Il a traversé tous les âges pour venir porter
ton message de compassion et de sagesse.

Les maîtres sont venus goûter à l'Occident
et certains se sont empoisonnés.

La Roue du Dharma doit tourner
dans le sens que tu as indiqué.

Souhaits pour une guidance authentique. Sixième pas.

Parce que sans toi je ne puis rien, je t'en supplie, ne t'en va pas !

Tout comme moi, les milliers d'êtres sont assoiffés
d'authentiques nectars spirituels.

Pour que tu restes auprès de nous et nous accompagnes
patiemment jusqu'à l'Éveil.

Ensemble, nous te prions avec ferveur, debout et à genoux.

Dédicace. Septième pas.

Le peu de bien que j'ai pu faire en toutes mes vies, je le
rassemble ici, uni aux prosternations, au refuge, aux offrandes,
au repentir, à la joie éprouvée devant les mérites d'autrui.

Pour la requête de l'enseignement et de demeurer présent.

Ces sept pas qui vont vers toi, je les dédie à la gloire de l'Éveil.

Dès le plus jeune âge, les enfants tibétains sont initiés par leurs parents à la pratique de la prière. Un garçon par famille est généralement placé dans un monastère vers l'âge de 9 ans, parfois avant. Pour les autres, manquant souvent d'instruction, ils s'en tiennent à réciter des textes appris par cœur, mais leur foi et leur dévotion au Bouddha restent inégalables.

La prière bouddhiste tibétaine utilise la beauté des mots qu'elle met en poésie dans l'harmonie des chants sacrés. C'est une manière gracieuse de rendre hommage aux bouddhas en leur adressant des louanges pour ensuite dédier les vertus de la pratique au bien de tous les êtres.

La prière bouddhiste tibétaine utilise la beauté des mots qu'elle met en poésie dans l'harmonie des chants sacrés.

LES MANTRAS SACRÉS

> Mais la juste raison de cette pratique est de nettoyer les empreintes de négativités contenues dans notre courant de conscience depuis des temps insoupçonnés.

De l'Inde et du Tibet nous vient une manière de prier attachée aux valeurs culturelles d'il y a plus de 2600 ans. La profondeur des chants monastiques, l'étrangeté des syllabes sacrées et l'évident mystère de ces rites anciens, concourent à éblouir les Occidentaux qui les découvrent. Mais la juste raison de cette pratique est de nettoyer les empreintes de négativités contenues dans notre courant de conscience depuis des temps insoupçonnés. Les mantras accompagnent nos progrès d'évolution en facilitant l'accroissement des qualités positives qui dorment en nous. Par leur diversité associée à la pure nature ultime dont chaque mantra incarne la référence, le mantra de Sangyé Menla fait émerger l'énergie de guérison du Bouddha de Médecine, Vajrasattva, celle de la purification des empreintes de négativités, Tchenrézi projette ses vibrations d'amour-compassion, et Tara Blanche, celles de l'apaisement et de la pacification des souffrances. Il en va de même pour chaque représentation sacrée de l'Énergie Universelle.

La pratique des mantras délivre les outils spirituels dont chacun a besoin. D'une manière générale, tous les mantras aboutissent à la même cause qui est de faciliter le chemin de progression vers le plein Éveil de l'âme dans sa splendeur et sa félicité.

Par leur forme rituélique, les mantras imposent l'intensité de leur pouvoir vibratoire quand ils sont prononcés à voix haute et diffusés dans l'espace. D'autres fois, pensés et médités, ils résonnent dans le silence intérieur et leur pouvoir est décuplé.

Composés de syllabes sanscrites ou tibétaines, les mantras puisent leur force dans la substance divine invoquée, faisant de chaque syllabe la représentation de la divinité. Porteurs de cet influx aussi subtil qu'indestructible, les mantras deviennent les relais entre la nature grossière de l'être qui les prononce et la pure nature qu'ils incarnent. À chaque évocation s'élève une vague de compassion chargée des puissantes bénédictions venant toucher le récitant et les destinataires.

Composés de syllabes sanscrites ou tibétaines, les mantras puisent leur force dans la substance divine invoquée, faisant de chaque syllabe la représentation de la divinité.

Il est des mantras appropriés à tous les souhaits. Mais pour éviter de commettre l'erreur de déraper dans la superstition, il vaut mieux se rappeler que seule une pure intention et une bonne conduite associée serviront de levier à ces forces qui nous dépassent. La pratique des mantras peut s'exercer dans n'importe quelle situation, assis en méditation, debout en marchant ou en attendant le métro, en vaquant aux occupations ménagères, en groupe ou en solitaire. L'important est d'être concentré sur l'aspect sacré des mots qu'on prononce.

Il est des mantras appropriés à tous les souhaits.

MANTRA DE **TCHENRÉZI** (PERSONNIFICATION DE L'AMOUR PUR) POUR DÉVELOPPER L'AMOUR ET LA COMPASSION

OM MANI PADME HOUM à réciter le plus souvent possible 3, 7 ou 108 fois.

Réciter ce mantra en faisant apparaître la vision du Bouddha Tchenrézi en face de soi en hauteur. Voir son cœur ouvert et, bien visiblement, les syllabes du mantra qui tournent à l'intérieur comme un manège en miniature. Plus on récite le mantra et plus il tourne au fur et à mesure qu'augmente notre ferveur. Arrivé au point culminant de la concentration, visualiser qu'un ruban de lumière éclatante sort du cœur sacré du Bouddha pour venir rejoindre notre cœur et y déposer le mantra. À cet instant précis, nous sommes reliés à l'énergie pure d'amour et de compassion universels. Plus nous poursuivons la récitation, plus la bénédiction de Tchenrézi investit notre être. À notre tour alors de laisser sortir de notre cœur ce même ruban d'amour-lumière pour se répandre en bénédictions sur tous les êtres de la Terre et de l'ensemble de l'espace créé et increé.

Bénéfices de cette pratique

Pratiqués conjointement à la visualisation, les mantras génèrent une qualité de réalisation dont dépend également la qualité de l'esprit du pratiquant. Aussi bons soyons-nous, notre esprit porte en lui nombre de traces grossières liées à nos défauts et tendances non encore résolus. La visualisation d'un Bouddha en tant que qualité non souillée permet de transformer l'énergie ordinaire en pure énergie salvatrice. L'approche de la prière et de la méditation par les mantras élève notre niveau de conscience vers le plus beau et le plus pur en nous. Pratiqués régulièrement, les mantras inscrivent en nous la grandeur de notre âme et nous font ressentir le besoin d'abandonner les comportements négatifs.

Processus de ce mantra de l'amour

Les vibrations de la syllabe *OM* nettoient l'orgueil.
Celles de *MA* défont les liens de la jalousie.
NI détruit le désir égoïste.
PAD dissout l'ignorance fondamentale.
ME anéantit l'avidité et l'avarice.
HOUM efface toute colère et tout ressentiment envers nous-mêmes et tous les êtres.

MANTRA DU **BOUDDHA DE MÉDECINE** POUR SOULAGER LES MAUX DU CORPS ET DE L'ESPRIT DANS LE BUT DE LES GUÉRIR.

TAYATA OM BÉKANTZÉ BÉKANTZÉ MAHA
BÉKANTZÉ RAZA
SAMUDGATÉ SOHA
à réciter 3, 7 ou 108 fois.

COURT MANTRA DE **VAJRASATTVA** POUR NETTOYER LES CAUSES DE SOUFFRANCES

OM BENZA SATTO HOUNG
à réciter 3, 7 ou 108 fois.

MANTRA DU **SÛTRA DU CŒUR** POUR OUVRIR L'ESPRIT À SA VÉRITABLE NATURE

Soumis à l'emprise des apparences, nous commettons l'erreur de nous attacher à de fausses réalités (celle des apparences). La récitation de ce mantra déchire les voiles de la vision erronée en éveillant l'esprit à sa véritable nature :

TAYATA GATE GATE PARAGATE
PARASAMGATE BODHI SOHA
à réciter de 7 à 108 fois.

L'ÉNERGIE DES BOUDDHAS FÉMININS

Moins connus parce que moins exposés, les Bouddhas féminins dispensent une énergie d'apaisement et de protection facilement accessible à toute personne s'adressant à eux avec respect et dévotion. Parmi eux, **Tara** accomplit des prodiges à qui la sollicite avec confiance.

Tara Verte

La particularité de **Tara Verte** est de répondre aux appels au secours de ceux qui se trouvent en danger ou qui redoutent l'impact d'un danger supposé. La réponse est toujours immédiate devant une foi dénuée de doutes.

OM TARE TOUTARÉ TOURÉ SOHA
à réciter de 21 à 108 fois.

Tara Blanche

Les qualités de **Tara Blanche** sont la pacification, l'apaisement des tensions et la capacité à guérir des maux de la vie. L'énergie de ce Bouddha permet d'augmenter la durée de la vie pour qui voue son existence au développement spirituel et au bien de chacun.

OM TARE TOUTARÉ TOURÉ MAMA AYOUR POUNIÉ JNANA POUSHTIM KOUROUÉ SOHA
à réciter de 21 à 108 fois.

LES PRATIQUES MÉDITATIVES

TONGLÈN, OU LE DON DE LA DÉLIVRANCE DES SOUFFRANCES

Tonglèn, qui signifie « prendre et donner », est une pratique d'échange de l'énergie appartenant à la tradition du bouddhisme tibétain. Pour pouvoir mieux la connaître et savoir comment l'utiliser, voici un composé de son développement. Hormis le fait de s'appliquer à prendre en soi les souffrances des autres en leur donnant le meilleur de soi-même, cette pratique offre le privilège de chasser tous les doutes en ouvrant le cœur à la véritable compassion. Là où le désir de soulager est tel qu'il élève la conscience au-dessus de l'égoïsme et de la peur.

« J'inspire, je prends – J'expire, je donne »

Dans l'espace invisible et présent, je ferme les yeux aux apparences et ouvre mon regard à la réalité de ma pensée. Je vois mon cœur spirituel investi du besoin d'aider, mais je vois aussi le frein de l'égoïsme naturel qui m'empêche bien souvent de le faire sans aucune retenue. Je sais qu'il va me falloir dissoudre l'amour toxique de l'individualité au bénéfice de l'amour de l'autre offert dans sa totalité.

Ici, prendre soin de se laisser glisser dans cette réalité, sans l'opposition d'un discours mental et, pour cela, revenir à la conscience de la respiration en inspirant, accepter de prendre le souffle qui se présente, et en expirant, accepter de donner le meilleur de son cœur.

Visualisation et pratique

Les visualisations conduisent les pratiquants dans des lieux et des situations imaginaires, qui vont guider sa conscience vers un niveau différent de l'ordinaire, propice à la concentration de la prière. Laissez-vous entrer dans le scénario et devenir l'acteur d'une histoire qui n'a de cesse de vous améliorer.

Surgies de la mémoire du temps, des vapeurs de poussières
s'élèvent en volutes au-dessus des gravats.

L'air est irrespirable et le brouillard si dense qu'il parvient
même à étouffer les gémissements de ceux qui n'en finissent
pas de mourir.

Me voici projeté en un lieu où un drame s'est joué
et où il ne cesse de se perpétrer dans le souvenir
de cet espace-temps où la souffrance s'est gravée.

Dès lors, face au grand inconnu, je veux prier.

J'avance en ma conscience pour venir me placer au centre
de la scène, déterminé à prendre en moi la souffrance
qui retient les victimes prisonnières.

J'inspire et, dans mon souffle, j'attire leurs afflictions sous forme d'une fumée noire qui s'échappe de leur cœur et pénètre ma respiration.

La fumée entre dans mon cœur, et par la forme de ma compassion qui accepte de prendre en moi toute cette douleur, réduit à néant toutes les empreintes et traces d'égoïsme.

Ma pure intention de venir en aide à ces êtres se transforme en une réalité de paix sous l'apparence d'une fumée blanche.

Cette fumée est en fait une énergie de compassion si authentique qu'en la plaçant maintenant dans mon souffle expiré, elle va toucher les êtres souffrants et apaiser immédiatement l'affliction causée par leurs blessures.

J'inspire les souffrances sous forme de fumée noire.
(Je prends.)

J'expire l'amour compassionnel sous forme de fumée blanche.
(Je donne.)

Par cette respiration consciente, les souffrances recueillies par votre souffle se transforment en l'absorption de l'amour-compassion que vous vous appliquez à donner en échange. Ainsi vous verrez le brouillard se lever sur un ciel de silence, tandis que votre esprit se plonge dans la contemplation de lumineuse beauté de la paix retrouvée. Laissez-vous méditer.

La prière universelle de Shantidéva

Dans toutes les directions, puissent tous les êtres
qui souffrent dans leur corps et leur esprit,
obtenir des océans de joie et de bonheur
par les mérites que j'ai ainsi créés.

Qu'aucun être ne souffre,
ne commette de négativité ou ne tombe malade.
Que personne ne soit sous l'emprise de peurs ou déprécié,
l'esprit accablé par la dépression.

Que les aveugles voient les formes,
que les sourds entendent le son,
que ceux dont le corps est usé par de pénibles labeurs
se rétablissent en trouvant le repos.

Que ceux qui sont nus soient vêtus
et ceux qui ont faim soient nourris.
Que les assoiffés puissent trouver
de l'eau pure et de délicieuses boissons.

Que les indigents trouvent des richesses
et ceux prostrés par le chagrin retrouvent la joie.
Que les désespérés retrouvent l'espoir,
la stabilité et une prospérité parfaite.

Par la grâce des dieux,
puisse la pluie tomber au moment opportun,
puisse la récolte être abondante.
Que tous les médicaments soient puissants,
et que les prières vertueuses portent leurs fruits.

Que tous les malades, autant qu'ils soient,
soient rapidement libérés de leur mal,
et que les êtres ne connaissent
plus aucune maladie.

Que les craintifs soient tous sans peur,
que les enchaînés soient libérés,
que les faibles retrouvent la force.
Puissent tous les êtres se prendre en amitié.

Tant que durera l'espace,
tant qu'il y aura des êtres,
puissé-je moi aussi demeurer
pour éliminer la souffrance du monde.

EN DEHORS DU MONDE ET DANS LE MONDE

Davina

Toutes les activités accomplies dans le monde par Vén. Davina Gelek Drölkar ont pour but de venir en aide aux enfants du Tibet réfugiés avec leurs familles dans des conditions d'extrême pauvreté, au village de Tenzingang, situé dans l'Arunachal Pradesh, au nord de l'Inde. Tous les dons venant s'ajouter aux efforts déjà engagés sont les bienvenus et d'une grande aide. Le monastère Chökhor Ling fait donc appel à toutes les bonnes volontés qui accepteront, même de manière minime, de soutenir ces enfants et leurs parents. La vocation première d'un bouddhiste est de se préoccuper de soulager la souffrance où qu'elle soit, et le sens de l'existence, bouddhiste ou non, réside en ce partage qui n'est au fond qu'une preuve d'amour et d'humanité authentique.

Retrouvez-moi sur Internet !

www.chokhorling.com
www.facebook.com/dhamma.damming
www.facebook.com/chokhorling
www.instagram.com/davinadechokhorling
www.youtube.com/c/dhammadammingdavina

REMERCIEMENTS

Je tiens à présenter mes remerciements les plus chaleureux à toute l'équipe éditoriale qui m'a guidée et soutenue dans l'accomplissement de cet ouvrage.

Merci à Liza Faja, mon éditrice, pour sa confiance et sa protection rassurante.

Merci à Sophie Carquain, initiatrice de ce projet, pour sa présence bienveillante et ses précieux conseils.

Merci à Marianne Faure-Desforges, artiste peintre, pour l'inspirante créativité de ses illustrations.

Merci à Astrid Lauzet, pour le suivi éditorial du livre.

Sans vous, ce livre n'existerait pas.

La gratitude est l'écho du bonheur éprouvé que l'on souhaite partager à son tour.

TABLE DES MATIÈRES

Achevé d'imprimer en France
par CPI Bussière
à Saint-Amand-Montrond (18)
Dépôt légal : octobre 2017
N° d'impression : 2031611